徽村意象

安徽优秀传统村落遗产研究

胡文娜 史英静 / 著

中国建筑工业出版社

图书在版编目（CIP）数据

徽村意象：安徽优秀传统村落遗产研究 / 胡文娜，史英静著 . —北京：中国建筑工业出版社，2020.6
ISBN 978-7-112-24968-8

Ⅰ.①徽… Ⅱ.①胡… ②史… Ⅲ.①村落－文化遗产－保护－研究－安徽 Ⅳ.① K928.5

中国版本图书馆 CIP 数据核字（2020）第 043794 号

主　　审：宋直刚
　　　　　卢立新　刘　祁　吴胜亮　郭佑芹　王超慧
责任编辑：刘　静
责任校对：张惠雯

徽村意象
——安徽优秀传统村落遗产研究
胡文娜　史英静　著

*

中国建筑工业出版社出版、发行（北京海淀三里河路 9 号）
各地新华书店、建筑书店经销
北京锋尚制版有限公司制版
北京富诚彩色印刷有限公司印刷

*

开本：787×1092 毫米　1/16　印张：14　字数：310 千字
2020 年 9 月第一版　2020 年 9 月第一次印刷
定价：199.00 元
ISBN 978 - 7 - 112 - 24968 - 8
　　（35703）

版权所有　翻印必究
如有印装质量问题，可寄本社退换
（邮政编码 100037）

序

　　西晋、唐宋时期，中原衣冠大族纷纷南下迁徙，中原文明与本土山越文化的碰撞孕育出了享誉世界的徽文化体系，逐渐形成了独具特色的山水格局、自然环境、街巷空间、祠堂民居等重要文化载体的村落空间，蕴藏着先人"天人合一"的哲学观与营造智慧。世代传承的耕读传家、崇文重教、贾而好儒的理念，是徽州传统村落的思想精髓。作为典型农耕经济生产生活一体化的人居聚落，徽州村落至今延续着朴素的乡村社会自治体系。

　　如何保护传统村落文化遗产，凸显传统村落价值，推动乡村振兴，当前我国各地都在积极实践探索。2017年1月中共中央办公厅、国务院办公厅《关于实施中华优秀传统文化传承发展工程的意见》，提出建立完善传统村落名录，制定传统村落保护发展规划，改善传统村落基础设施和公共环境，建立保护管理信息系统，推动中国传统村落数字化工作，保护传统村落的文化遗产。

　　《乡村振兴战略规划（2018—2022年）》中将传统村落作为"特色保护类村庄"，提出了要保护村落的风貌格局、传统建筑、非遗文化等，让地域特色、民族特点融入乡村建设，为传统村落的保护发展提出了更高要求。传统村落是村民世代居住的地方，也是人类共同的文化遗产。安徽省根据村落不同的自身条件，发展特色农业、全域旅游、文化创意等，探索传统村落保护发展的新模式、新路径，取得了一定成果，也总结了相应的经验。

　　本书以徽州传统村落集中区域作为研究对象，通过村落文献资料梳理、数据分析、调研访谈等，运用大数据技术、数字技术呈现不同类型传统村落的特色与价值，反映了传统村落保护发展的"安徽模式"，对乡村振兴实践、激发社会各界关注、探讨多方参与的传统村落发展创新模式，具有重要意义。

　　我们希望有更多社会各界人士参与到传统村落保护发展的探索中来，共同守护人类文化遗产，共同让她活态传承下去。

安徽省住房和城乡建设厅

5 宗

同宗同族有新意 093

三次中原人口的迁徙，让北方「世家大族」在徽州山水中建村而居。他们继续着古时的宗族制，以宗谱、祠堂、祭祀作为宗族团结的方式和维护村落稳定的途径。如今，村落祠堂的主要功能虽然逐渐弱化，但家族的力量仍在延续。

6 贤

古乡贤与新农人 104

相对于徽州村落千百年的历史积淀，所有美好的乡村建设都还在路上。万涧村，作为安徽省住房和城乡建设厅的乡村试点之一，在老屋改造、产业培育等方面得到了村民的配合和支持，也取得了一定的成果。

7 调

红白于面，沧桑目连劝人善 121

作为国家级非物质文化遗产，目连戏「出在祁门环砂，编在清溪，打在栗木」。而作为如今仅存的八大目连戏班之一的「历溪班」仍在传统村落中活态传承着。原汁原味的咿呀声，也许才是村落本有的底色。

8 茶

老茶问道，馨香谁家 146

茶香肆意飘荡在徽州的山间。作为徽州传统村落历代种植的主要经济作物，茶成为徽州的标配，也成为新时代村落通过品牌化致富的产业源泉。

11 助

以谷积之，赠人斗粮济天下 177

「赠人玫瑰，手有余香」，徽州传统村落从先祖开始便不间断地叙述着这句话的含义，不管是宗谱中记载的古代「众筹」，还是如今仍在延续的「尚учи积谷会」，似乎互助的善良从来都是徽州人本有的颜色。

12 匠

我在古村修古物 188

「修旧如旧」是徽州传统工匠常说的一句话，如今传统村落的祠堂或明清民居的修缮，有条件的都会请来老工匠。他们身上继承着传统的三雕手艺，也在一次次对传统古建的修复中重新认识了徽州。

13 景

方寸之间，四时之景 195

徽州人最善手艺活，徽派盆景便是其中一种。这种方寸之间融入天地自然的艺术，扬名于历史上的卖花渔村。如今作为歙县历史上的卖花渔村，也成就了如今的卖花渔村，徽派盆景在数字信息化时代又迎来了一个崭新的春天。

14 罗

东西南北，从田间到海上 207

罗经，是万安老街吴鲁衡罗经老店百年间一直传承的手艺。在过去，它负责阴阳宅风水，也负责航船的方向。或许透过一个精确到分毫的罗经，我们能找到古老徽州村落中牵动人心的历史和故事。

附录 中国传统村落数字博物馆（徽州馆） 212

目录

1 合
科艺孪生的徽州传统村落 001

线下一个「徽州古国」，线上一个徽州传统村落数字博物馆，在数字技术发展的今天，安徽传统村落传统在艺术的底色上滋生出了一个个「科艺孪生」的徽村。

2 谱
宗谱地图中的世界 026

徽州人不拘泥于一方山水，他们从不放弃对世界的好奇，也不缺少走向世界的胸怀。在徽州传统村落中，我们会在宗谱中发现祖先对当时世界形势的分析，发现祠堂里张贴的手绘中国、世界地图，以及一介平民的手绘村落全景图。

3 墨
文房四宝传万世 041

笔、墨、纸、砚是徽州的文房四宝，也是千百年来徽州深厚文化的象征符号。从起源于歙县传统村落中的歙砚、徽墨，到来自宣城泾县传统村落中的宣纸和徽笔，文房四宝激发了新安画派，也让徽州文人辈出。

4 行
陆海交织通九州 047

胡适曾在《四十自述》的残稿中提到，「不要慌，十天到余杭」，不管是顺着母亲河新安江，还是沿着盘旋的徽杭古道，徽州人都有办法脱离贫穷，走向辉煌。而由古道、水路串联起的传统村落更是历史的见证者。

9 花
四月的人间花海 155

人间四月，油菜花铺满了整个徽州村，灿黄掩映着一片粉墙黛瓦的徽州民居，绝美的视觉饕餮让人欲罢不能。歙县石潭村作为20世纪90年代因油菜花海闻名内外的传统村落，正在用自己的独特演绎着「了不起的徽村」。

10 味
乡村盛宴，味蕾饕餮 169

徽菜是中国八大菜系之一，它以独特的风味让世人为之垂涎。绩溪作为徽菜之乡，承载了太多的徽菜历史，如臭鳜鱼、九碗六、一品锅、毛豆腐等。一代代徽厨从绩溪传统村落中走出来，也在村落中留下了曾经的辉煌和传承者们。

全景漫游中的龙川村

合 科艺孪生的徽州传统村落

一半是艺术的底色，一半是科技的孪生

① 本书稿涉及的部分村落建立了数字博物馆，可扫码免费进入游览。详细信息见附录。

扫一扫
进入龙川村 ①

坐落于登源河右岸的龙川村,格局形似一条龙舟,所以又名"船形村",龙船顺着登源河水驶向瀛洲镇,寓意龙川村人才辈出。

▎龙川村鸟瞰

▍龙川村历代名人辈出,被称为"状元村"

唐代李白曾游徽州,留下了诗句"地多灵草木,人尚古衣冠"。西晋、唐宋时期的北方战乱,促使中原衣冠大族举家南迁至徽州深山之中,徽州本土山越文化与先进的中原文明开始逐渐交织、碰撞和融合,升华出了古徽州文化。

徽州成为中原士族的避难之所和文人墨客的钟情之地,他们共同构成了徽州最初的人文圈。深厚的中原宗族文化形成的内在约束力,让其子嗣对世界和人生始终心怀敬畏,"宗族文化"和"耕读文化"占据了徽州的主流。

而"八山半水半分田,一分道路和庄园"的窘境又让徽州人背起行囊外出谋生,怀揣智慧行走天下。古道、江河承载着徽州人的渴望与梦想,又见证了他们的辉煌。生活虽艰,但"耕读传家"的理念却滋养着一代代徽州人。

"东南邹鲁""程朱阙里"是历代古徽州独享的美誉。虽处远山深谷,莫不有师;十户之村,不废诵读。试问"何事关心?二月杏花八月桂;是谁催我?三更灯火五更鸡。"走在歙县的瞻淇村,回荡在老虎巷里的琅琅读书声似乎依稀清晰,这里曾同时开设过多家私塾。

此外还有"翰林村"——徽州区唐模村,十年间许氏家族走出了许承宣、许承家两位翰林学士,家族迎来了空前荣耀,受康熙皇帝之旨立"同胞翰林坊";又如"一门两尚书"的"奕世尚书坊"所在的"状元村"——绩溪县龙川村等;近代更是走出了绩溪县上庄村的思想家胡适、歙县西乡黄潭源村的教育家陶行知等。

绩溪县龙川村曾在明代有十多人高中进士,其中最有名的是明代成化十四年,中戊戌科进士官至太子少保和南京户部尚书的胡富,以及60年后,明代嘉靖十七年,中戊戌科进士、官至太子太保兵部尚书的胡宗宪。如今的"奕世尚书坊"便是明代嘉靖年间,为户部尚书胡富和兵部尚书胡宗宪而建。

▎奕世尚书坊

胡宗宪少保府

胡氏宗祠木雕

思敬堂梁柱上的精致木雕

胡氏宗祠

明清作为徽州最鼎盛的时期，聚集了大量财富的徽商及在朝廷为官的徽州人，最终选择了"叶落归根"，回到了最初起源的村落，他们掷巨资为家族修建多进祠堂、府邸豪宅。精致的艺术被用到了极致，月梁之肥大、三雕之精细，无形之中透露着家室的殷实与富裕，比如徽州黟县关麓村富裕徽商汪氏八兄弟的住宅"关麓八家"、徽州区呈坎村的"罗东舒祠"等，都是明清徽派建筑最高艺术的代表。

扫一扫
进入唐模村

❙ 唐模村

❙ 唐模村尚义

时代飞速发展的代价似乎就是某些传统之美被逐渐遗忘。物质文化的遗存难抵岁月的偷盗和风雨的摧残，多元的非物质文化因"人走心散"而无法得到更好的延续和传承。

后工业时代的到来，让优秀传统文化变得更有力量，多元数字化技术也在传统村落保护方面开始承担着一定的作用。为保护传统村落厚重的历史文化，向世界展示中国最广袤的农耕文明群，自2012年起，住房和城乡建设部启动了中国传统村落认定工作。安徽省陆续有400个村落被纳入《中国传统村落名录》，其中皖南徽州地区的传统村落数量占主导。

夕阳下的唐模村

唐模村"同胞翰林坊"是由清代康熙皇帝恩准修建的,许氏家族许承宣在康熙十五年考中进士,钦点为翰林庶吉士。康熙二十四年,他的同胞弟弟许承家也高中二甲进士,再被康熙点为翰林,担任翰林院编修。十年间,许氏家族出了两位翰林,成为了家族的荣耀。此外,唐模村还出了一个末科翰林许承尧。

▎唐模同胞翰林坊

唐模村的檀干园是许氏家族中曾经的一位巨商为遂母心愿,模仿杭州西湖而建的。《歙县志》中曾记载了檀干园,这足以说明它在徽州本土村落园林建设中占据的地位,具有很高的价值。

▎唐模村檀干园水口园林

截至目前，安徽省共有13个传统村落完成了线上数字博物馆制作

在认定之余，"如何更好地实现数字化保护"是一个绕不开的问题。2017年安徽省住房和城乡建设厅牵头，由各市县住建部门配合，通过委托相关单位对包括歙县、黟县、徽州区、休宁县、祁门县、绩溪县在内的十余个传统村落进行了创新性的数字化建馆工作。

传统村落数字化建馆，通过多元的数字化手段，还原了村落最初的模样。通过互联网及数字技术，村落深厚的历史底蕴、精美的传统建筑、重要的文化价值、耐人寻味的故事和值得称赞的人文品质得到了更加广泛的传播。

唐模高阳桥

唐模水街

▎徽州区传统村落呈坎村三维实景模型

360°全景漫游，翻山越岭，跨江过水，将村落的山脉、河流、民居、廊桥、牌坊、祠堂等尽收眼底；物质文化遗存得以实现全新的视觉呈现，建筑背后的故事及村落价值得到了深度挖掘。

三维实景模型细致地解析了遗留于徽州村落中，代表一个时代营造技艺、艺术精髓的传统建筑，残损之处通过数字化手段得到了原比例还原，为未来古建筑的修复提供了重要依据。

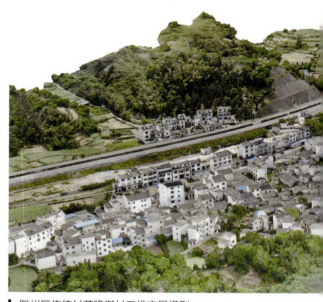

▎徽州区传统村落瞻淇村三维实景模型

通过为期一年的建馆工作，安徽省 13 个传统村落的数字单馆已全部被纳入住房和城乡建设部"中国传统村落数字博物馆"中。在这里，VR、360°全景漫游、三维建模、音视频、图文等多元表现形式，在保证村落准确性、真实性、完整性、统一性的同时，多维度地收录了传统村落丰富的内容。让方寸之地容纳了古徽州的过往今生，村落的起源、千百年的历史、辈出的名人和源远流长的文化。

传统建筑文昌阁的三维模型

传统建筑构件石狮的三维模型

线下一个村落载体，线上一个数字空间。之于徽州传统村落，一半是传统艺术的底色，一半是现代数字科技的再现。它们交织在一起，融合而生。瞻淇村的琅琅读书声划破了历史的长空，也在"中国传统村落数字博物馆"中得到了永存；而徽州区唐模村的"同胞翰林坊"、绩溪县龙川"状元村"的前世今生不仅被镌刻在历史的年轮里、长者的记忆里，如今也被演绎在数字化的博物馆里。

唐模尚义堂

谱

宗谱地图中的世界

漫漫迁徙路，开启了一段回家的启程

撰文/汪红兴

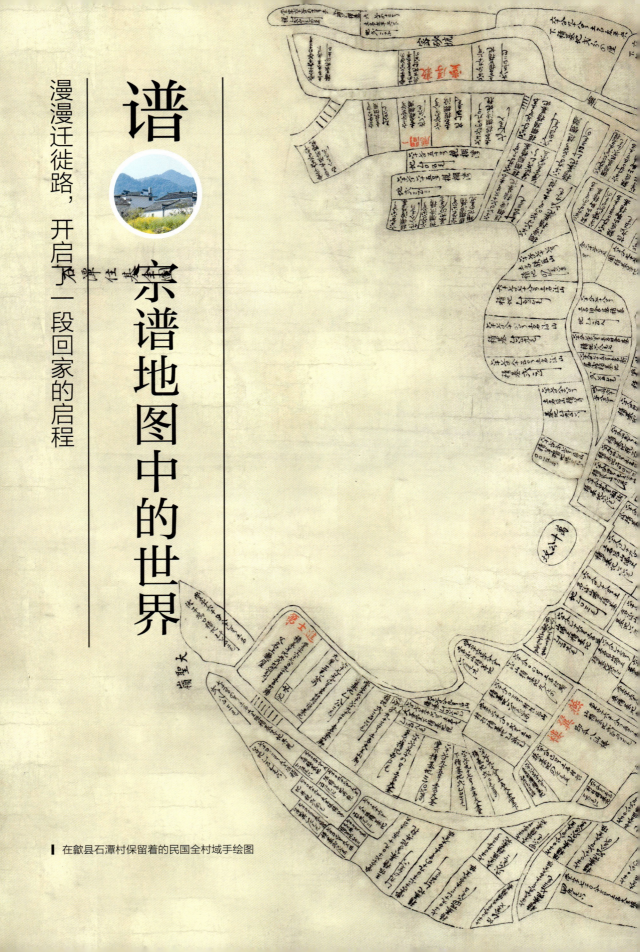

在歙县石潭村保留着的民国全村域手绘图

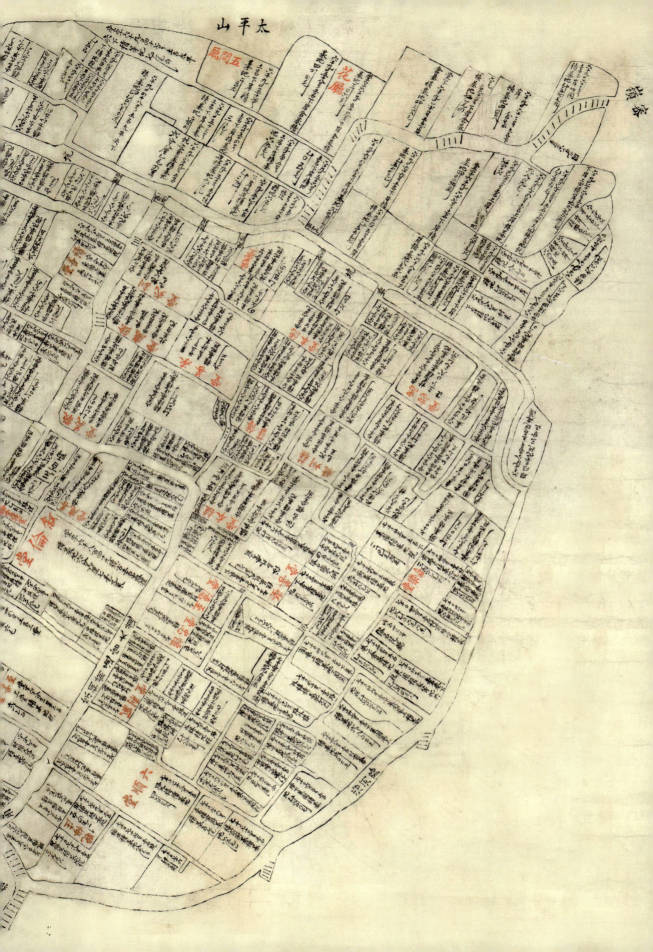

▎新安江畔留存着诸多传统村落

"前世不修,生在徽州,十三四岁,往外一丢……有生意,就停留,没生意,去苏州。"流传百年的坊间俗语道出了世代徽州人的无奈和半生奔波的状态。一方水土一方人,广袤的平原之地让人心生"安土重迁"的思想;而山峦重叠、山多田少的徽州地区,则促使人们远行,以四海为家。

历代徽州人并没有被狭小的空间所束缚,而是心怀天下。徽州人眼中的地图是一个闭环状,他们探索未知,又懂得回归。中原三次大规模的战乱促使他们南迁于此;明清之时,他们远徙他乡,为了生计而选择在江浙地区为商,耕读传家为官;"落叶归根"的理念让他们暮年归乡,荣归故里之时兴建祠堂祖屋,集能工巧匠精雕细琢,极尽繁华,却不忘向北望,念悠长。

▎黟县宏村传统建筑精美的牌坊式门楼

徽州的传统村落大部分处于深山掩映之中，沿着溪流，拨开云雾，便可窥见炊烟袅袅的徽州人家。附着精致木雕的明清祠堂、古民居、牌坊、古井、古桥以及江畔石板街两侧的木制明清商铺，都留下了代代先祖对外界世界的向往和感悟。

绩溪县墈头村,明代荣归故里的许金为母亲申请修建了节妇坊

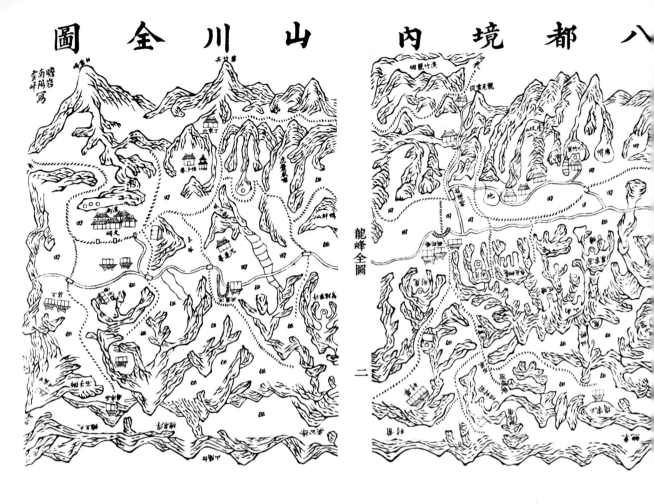

平坑村《俞氏宗谱》中的这张"龙峰俞氏八都境内山川全图"记录了村落大范围内的山水格局

虽然徽州传统村落大多处大山深处,但在教育上始终和外界接轨,在偏僻的尚村,民国时期还办有女子学堂,如今仍然可以见到当时手绘的世界地图。

留存于徽州传统村落中的各姓氏家族宗谱,记载了家族的祖籍、后世宗脉的迁徙,让子孙知道自己来自何方、去往何处;以手绘图的方式记载了不同时代的村落格局、阴阳宅位以及村落周围更大范围的山水环境,让后人明晰自己身处何地,始终拥有冲破格局限制的宏大世界观。除此之外,宗谱中还记有祖先以当时的国际形势,教导子孙的劝诫文。为了家族,他们始终放眼外界,时刻关注着国内外形势,而非局限于一时之地。比如,绩溪县平坑村清代续修《俞氏宗谱》中有一则《戒食鸦片文》,先祖通过分析当时英国对华的鸦片倾销形势,用很多鲜活的反面例子告诫后人要懂得克制,不能吸食鸦片。

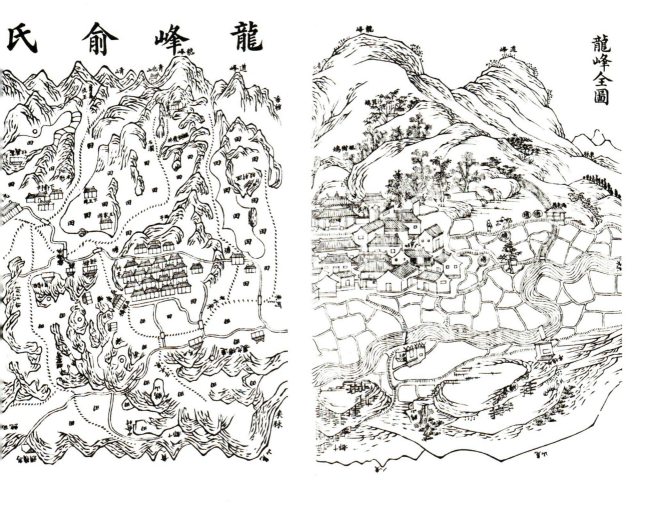

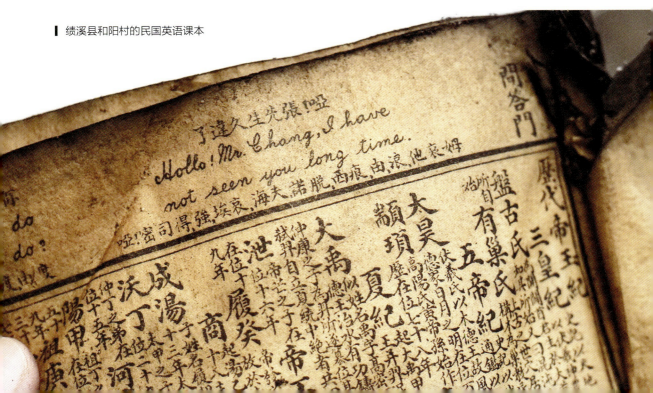

绩溪县和阳村的民国英语课本

▍曾经，徽州人经过条条古道，奔向苏杭；如今，平坦的公路代替了崎岖的古道。快速通行的时代，徽州人对外界的探索从未止步

明清时期，地少人多的窘境让徽州人背井离乡，他们沿着纵横交错的村间古道走上了通往苏杭的徽杭古道、通过饶州的徽饶古道；撑一叶扁舟沿着新安江水及支流水系，涌入了苏浙、两淮、沪宁一带学技谋生。他们多以学徒开始，并逐渐形成了享誉世界的徽商群体，建立了覆盖全产业链的徽商矩阵。

歙县人外出为盐商、休宁人为典商、绩溪县人为徽厨，其他地方以贩运茶、木等为业。其中较为著名的徽商有从绩溪县湖里村走出来的红顶商人胡雪岩、绩溪县龙川村的茶商胡沇源、上庄村胡适家族的茶商世家、绩溪县石门村的大徽厨路文彬，以及伏岭镇石川村的张仲芳等，徽商在各地广开商会馆，造就了"无徽不成镇"的传奇。徽商带动了浙商的兴起，影响直至今日。杭州钱塘江畔因是徽商年复一年弃船登岸的地方，渐被叫作"徽州塘"，而那个歙县江村徽商聚集的杭州城里弄，干脆被称为是"小江村"。

从闭塞处来，更要走向广阔的天地。徽州人不局限于附近省份，而是将生意向北涉足北方地区、向南至广州，更是趁着明代海外贸易而远至马来西亚、泰国等国。这个时期产生了一大批海商，如从歙县柘林村走出来的大徽商汪直、歙县北乡许村的许松、许栋、许楠、许梓四兄弟等。

休宁县五成村颜公河。徽州地区的每个村落都有江河经过,条条支流汇聚成新安江而流向苏杭。这或许也暗示了徽州人奔波半生的命运

▎绩溪县孔灵村保存完整的徽商住宅涅坡别墅

不仅徽商，从徽州传统村落中走出的文人墨客、朝廷大官比比皆是，如绩溪县龙川村的明代兵部尚书、右都御史胡宗宪，绩溪县上庄村的一代制徽墨大师胡天柱，久居歙县城南义成村的清代经济学家王茂荫，绩溪县上庄村走出的学者、社会学家胡适，歙县潭渡村的画家、学者黄宾虹等。他们足迹遍布国内外，造就了徽州"十三在邑，十七在天下"的盛景。

流动中的徽州商人、官人、文人进一步带动了徽州文化的远距离传播，形成了包括苏浙等地在内的泛徽州文化圈。他们带去了徽派建筑的建造风格；影响并成就了苏浙菜系；通过昆曲与徽调的融合而将徽剧做到精益求精，在绩溪县伏岭村一带形成徽剧派别后，进而通过"四大徽班"进京，让徽剧流行于京城甚至世界。

▎徽杭古道沿线的歙县瞻淇村

2018年杭黄铁路开通，途径安徽绩溪县龙川村、歙县三阳镇白石源村以及黄山市下辖的市镇及传统村落。杭黄高铁以"水墨丹青、人文诗画"为标语，被称为"最美高铁线"，它的开通也进一步带动了皖南徽州传统村落文化旅游业的发展。

▎连通皖浙的新安江

徽州人走得出去也收得回来，绩溪县大庙汪村2019年开始举办全国汪氏宗亲大会，来自全国各地的汪氏宗亲会聚在汪村，共祭先祖越国公

徽州的崇山峻岭并没有阻挡世代徽州人探索外界和文化传播的脚步，产自泾县小岭村一带的宣纸，安吴村一带的宣笔，绩溪县上庄村一带的徽墨，歙县渔梁村一带的歙砚，休宁县万安古镇的罗盘以及出自各传统村落的木、石、砖、竹雕不断地被销往国内外，以物为媒架起了徽村和外界对话的桥梁。

"丈夫志四方，不辞万里游。新安多游子，尽是逐蝇头，风气渐成习，持筹遍九州。"从翻山越岭、过江过河，到高铁、巴士、飞机、互联网，从游走他乡到回归故乡，在历史与现实的时间轨迹中，徽州人对外界的好奇心从未改变，认祖归宗的信念越发坚定，文化传播的热情愈发浓烈。徽剧、徽菜、徽雕等传统技艺仍在传统村落中传承创新着，从产品标签到非遗技艺、文化标签的转变，乡村文化研学、旅游者纷至沓来，开启了徽州人对本土的新一轮探索，也开启了徽州文化的新一轮传播。

墨 文房四宝传万世

历史文明的本底色，文人墨客的乐天堂

绩溪上庄村的徽墨制作工坊中，制墨工匠仍传承着传统徽墨技艺

徽州历来文风兴盛,名人墨客辈出,就近代而言,出于绩溪县上庄村的胡适,以诗史闻名;从万安古镇起航的陶行知,桃李满天下;生于泾县茂林村的"三吴",用文字艺术征服了世界。除了与"十户之村,不废诵读"的"耕读传家"理念相关,这里独有的人文环境也对其影响甚远。笔墨纸砚——文人的专属品在这里一应俱全,它构建起了徽州的人文体系,也影响了中国乃至世界文明。

明清蓬勃发展的新安画派,以山水为底,以笔墨为媒,独具派别。清末民国,通过"珠山八友",新安画法融入景德镇陶瓷业,得到了再次升华。

早在宋代,徽州新安四宝就已成为皇家进贡之品。延续百年间,它链接了古今文明,也成就了历史辉煌。清代蒋士铨曾在《赞宣纸白露宣》中提到"司马赠我泾上白,肌理腻滑藏骨筋",赞叹产自今安徽泾县的中国宣纸,细腻之绝,笔墨交融。同时期的诗人赵廷晖,亲临泾县内素有"九岭十三坑"之说的小岭村,描述了这样的场景:"山里人家底事忙,纷纷运石叠新墙。沿溪纸碓无停息,一片春声撼夕阳。"

绩溪县上庄村是一代徽墨大师胡开文的故乡

唐代时期，徽州造纸业发达，但元代伊始，泾县的宣纸便开始名声大噪，逐渐取代了徽纸。宋末元初，曹大三为避战乱来到了今安徽小岭村，以宣纸制造为业。这里水土宜纸，山间溪水因含碱性成分而造就了享誉世界的宣纸。纸之金贵，甚至让宋代王令都感叹："有钱莫买金，多买江东纸。"

直到清末，曹氏纸厂分布在泾县的小岭村、方家山、许湾、金坑等地，有16家纸房。如今，泾县小岭村一带开有大大小小的宣纸厂近15家，其中最大的宣纸厂是地处传统村落乌溪村村口的红星宣纸厂。在工艺上，他们仍延续着古法造纸技艺，进一步形成了以小岭村为中心的宣纸产业集聚，也成了国内外研学的文化基地。宣纸作为一种文化艺术的表达载体，还衍生出了泾县孤峰村的纸伞产业以及宣纸扇制作。

徽州"新安四宝"让历史以文字的形式被铭记，小到家族史，大到地方志。在宗族观念极强的安徽传统村落中，于宣纸之上，用徽墨记载的明清家族史，字迹仍清晰可见，留存百年后成为村落历史、徽州历史乃至中国历史的见证。

徽墨具有持久不褪色的特点，技艺传承，产业也在延续。屯溪老街、绩溪县、歙县三大胡开文制墨厂仍持续运营着，其产品遍及全国，甚至销往日本等国家。

宣纸衍生品——纸伞

从唐代全国制墨中心河北易水，到后期制墨中心向徽州的转移，唐末因避乱而迁徙于徽州的制墨工匠奚超、奚廷珪父子对此起着重要作用。他们窥见皖南徽州各村落高山上的古松木，便在自然宜墨的环境中，成就了徽墨，造就了技艺的世代传承，以致宋、元、明、清，徽州制墨工匠层出不穷。

清代，"四大制墨名家"之一的胡开文，在不断更新生产工艺的基础上，将徽墨推向了世界。民国年间，胡开文墨店生产的"地球墨"在巴拿马万国博览会上荣获金奖。这位徽墨界的一代宗师出生在安徽绩溪县传统村落上庄村。盛极之时，他将墨厂开到了上海、开到了歙州府，又在几百年后的上庄村得到了传承。

如今，上庄村、附近的瑞川村、石家村都开有徽墨制作作坊，他们亦可批量生产行销日本，亦可高端定制为文人大家收藏。

歙砚，是研墨的重要工具，更是文化的象征。作为中国名砚之一的歙砚，它始于汉代，在北宋得到了繁荣发展。南唐后主李煜是歙砚的忠实收藏者，更称其为"天下冠"。如今，歙砚制作、砚雕技艺传承不绝，歙县的渔梁村、汪满田村仍可以看到歙砚制作作坊和一代代歙砚制作传承人。而在歙县北岸镇的行知学校里，年轻的一代选择了歙砚、徽墨制作专业，带着徽州的人文气质开始了新一代的传承与创新。

传统徽墨技艺传承人

悠悠新安江水，水纳百川；
纵横徽州古道，蜿蜒交织。
数百年间，它们承载着一代代徽州人的梦想，奔腾而赴远方，造就了"无徽不成商，无徽不成镇"的神话传奇。散布在江水、古道上的传统村落，包容间，万象丛生，青石板街巷、河运码头、鳞次栉比的商铺，都镌刻了一段段光辉历史和商旅岁月。

▍新安江沿线的万安古镇

行 陆海交织通九州

徽商起源,新安江畔及徽州古道上的传统村落

新安江畔的古村传奇。
纳百川，行东西，徽州母亲河孕育出的文明。
万安老街延伸至横江的皂荚巷码头，这里曾是徽商货物贸易集散地，是风云历史遗留下的印迹。

▍万安古镇

扫一扫
进入万安老街

"君不见，新安江水天上来，流经三百六十滩。"临于新安江，清代诗人也曾赞叹过这悠悠东流的长河，这条源起于高山之巅、白云生处的"天上水"。它从高山飞泻而下，犹如银河落九天，其间深潭、河床弯道重重，与崇山峻岭交相辉映，造就了"山不转水转"的特征。

在山多地少的徽州地区，绵延山脉间的条条古道和奔腾激流的江河缠绕交织，共同构成了复杂的交通网络。新安江的正源为率水，率水一路向东，途经汇纳百川，融通支流，最后在歙县城东汇入练江，练江与渐江在浦口汇聚后，始为"新安江"。

新安江源起于徽州休宁县山峦之中，在右龙村与徽饶古道右龙岭古道段交错，以古村右龙村为节点，气势雄浑，奔腾向东，它承载着厚重的希望，开启了徽商漫长的征程。

因徽商贸易，新安江及支流江畔逐渐形成了诸多码头，进而形成了古镇和传统村落。沿河的运输集散码头、蜿蜒的青石板街巷、街边鳞次栉比的商铺，都在每个晨光铺洒中，迎接着门庭若市的水运胜景以及一批批过往的商客旅人。

▌新安江支流横江江畔上的万安老街

万安老街的河运码头

万安老街古民居

■ 鳞次栉比的老街商铺

新安江汇聚的千壑万溪遍布于锦峰秀岭之间，如同无数闪亮的银练连缀起了星罗棋布的传统村落，其在徽州境内经过的第一站为渔亭古镇，又在其支流丰乐河一带，流经了潜口镇、唐模村、西溪南村、岩寺村、郑村、潭渡村等。

而之于新安江，最为重要的两个传统村落便是休宁县万安老街和歙县渔梁村。源于徽州黟县漳岭白顶山的横江奔腾而来，在屯溪与新安江永久性地交织，沿岸形成了屯溪老街。而作为横江最后一个古运码头——万安古镇，它交织四方网络，东连屯溪、下至杭州、西溯休宁至新安江首站——渔亭古镇，交通要隘之地，不断见证了昔日的风云与辉煌。

明清时代，徽商的崛起与发达促使了万安老街的繁荣，它逐渐成为航运下通歙县、杭州，连县城、黟县、祁门的码头重镇，被誉为是古徽州的《清明上河图》。追溯历史，万安自隋末便是汪华统辖六州的一方重地，距今已有1700多年的历史。而在明清时期，它又一次占据了重要地位，成为商业水运必经之地。商业最盛时，万安古镇商铺数量多达400家，行业有100多种，雄踞休宁九大街市之首，坊间流传着"小小休宁城，大大万安街"的说法。

▌古镇老街上的理发店

▌新装修的罗经店

▌传承百年的吴鲁衡罗经店

万安老街狭窄的深巷里弄

万安老街具有百年历史的"杜永茂豆腐店",图中的老人是豆腐店的第五代传人

夕阳下，万安老街边的横江

> 陶行知启蒙馆（即吴尔宽故居），也是黄山市"百村千幢"工程修缮的传统建筑之一

行走在铺满青石板的万安老街，街边老店、向码头延伸出的条条类似于"鱼骨"的巷子、缓缓流淌的横江水及河畔的水埠码头，都在尘封百年后静默不语，不同历史时期的底蕴叠加，深处其中，你会感受到曾经老街的繁荣胜景，你会看到古书院、汪华故宫、古城塔、观音桥以及成片的明清传统建筑，它们蕴藏着故事，也镌刻了历史。

临横江，你会感受到百年老店——吴鲁衡罗经老店几代人为了船运方向的精准，为了村落选址、房屋建造得更为宜居而精益求精的品质；你还会听到吴尔宽蒙童馆中传来的读书声；看到万安老街"古城岩下，水南桥边"，正要去杭州求学的陶行知和前来送行的父亲脉脉相望、泪目相别的情景："回想初别情景，历历如在目前。今特追摄入诗，送别人竟不及见，思之泪落如雨。"

> 罗经老店

罗经的精密度极高。清末,吴鲁衡罗经老店制作的罗经被大量销往国外

建于清雍正八年的古林牌坊位于万安老街，是为旌表黄樟妻程氏和黄鉴妻朱氏所建

▎仍旧活态传承、延续着的渔梁老街

扫一扫
进入渔梁村

▎宗谱中的渔梁村全图

▎俯瞰渔梁,犹如鱼形,从主街延伸至码头的条条巷子犹如鱼骨

流经渔梁的练江水,如今已失去了船运的功能,但仍是很多村民和游客游玩的地方

渔梁村最古老的渡口——李白问津处

流经歙县渔梁村的练江水

距离万安老街几十里之外的歙县渔梁村也曾是古运码头上的重镇。缓缓练江流经渔梁村，最终汇入新安江，奔赴浙江千岛湖。它因曾经极为重要的运输地位而著称于史，为人熟知。

因唐代在练江筑石梁蓄水，又因俯瞰形似鱼形，故名为"渔梁"（俗称"梁下"）。渔梁坝，作为徽州古代最知名的水利工程，不仅是新安江上游最古老、规模最大的古代拦河坝，也被世人称作"江南第一都江堰"。

唐代已形成街市的渔梁村，有最早的渡口码头——李白问津处。而村落的发展与渔梁坝的兴建也有着密不可分的关系。渔梁坝作为村落南侧练江中的一道滚水石坝，它的建立让坝下一片水面成为理想的航船停泊处，"龙船坞"一带最多时能停靠300余艘船只，有"古徽州通往杭州的第一水码头"之誉。交通的繁荣刺激着村落的形成与繁荣，最终在这一带形成了一个集商业、交通转运、货物集散和船工集居地为一体的非农业性村落；而明清徽商的繁荣，又促使这里船只重重，商旅鼎沸。

古歙县为徽州老城，而地处歙县的渔梁村则被称为"徽商之源"，途径渔梁，徽州商人源源不断地将茶叶、木材等徽州特产运送出去进行交易，又源源不断地将外地的粮食、盐、布匹运回徽州以满足当地人的需求。成功徽商取得的财富也会通过新安江在渔梁坝登岸徽州，为徽州的经济文化繁荣提供经济支持。

▌临练江水，曾经的老商铺依稀可见

▌巴慰祖故居

顺着练江河水东去，新安关隘仍在那里矗立。它源自明代嘉靖年间，歙县知县史桂芳曾率领众勇在此抗击倭寇，一批批远赴他乡的徽州商人也在此停歇，它见证衣锦还乡，也拥抱穷途末路。如今漫步渔梁村，铺满鹅卵石的老街、水积成滩的渔梁岸、条条古巷及沿河码头都是历史的见证者。你可以走进巴慰祖故居，或是看看白云禅院；你也可以踏上紫阳桥、新安古道，去看渔梁八景。

作为新安江上的商业重镇，2012年万安老街和渔梁村均被纳入第一批"中国传统村落名录"并分别得到了住房和城乡建设部"传统村落保护发展资金"及安徽省住房和城乡建设厅的支持。

在传统村落保护的大时代背景下，安徽省、市住建部门积极贯彻落实了《安徽省人民政府办公厅关于加强传统村落保护利用发展的指导意见》等文件，在基础设施修复、污水处理等工程之外，不断加强传统村落的保护发展工作。

曾经来往商人聚集的地方：新安关

黄山市开展了为期5年的"百村千幢"工程,初期投入就近60亿元,实施了101个传统村落、近千幢房屋的修缮。这项工程也将万安老街及渔梁村传统建筑的修缮纳入其中,万安的吴鲁衡罗经老店、吴尔宽陶行知启蒙馆(即吴尔宽故居)等都得到了及时的修缮。

▎渔梁忠护庙

宗谱中的紫阳桥

渔梁村紫阳桥

渔梁村村头清净的白云禅院

绵延交织的条条古道，走出了徽商和文人。
2006年，歙县许村古建筑群被国务院认定为第六批国家重点文物保护单位，其中包括建于明代的大观亭。

▎歙县许村大观楼与"双寿承恩"牌坊

鸟瞰许村,在山峦云雾间古道纵横,这里孕育了古道历史和徽州文化

"不要慌，十天到余杭！"胡适曾在《四十自述》的残稿中提到，由徽州走到杭州，二百文川资，绰绰有余，徽州人穷不聊生的时候，就会安慰自己，徽州与余杭距离近，辛苦一下便能度过潦倒之困。连接古徽州府和杭州府的古道便是"徽杭古道"。历史上，它曾与西南茶马古道、西域丝绸之路并称于世，具有重要的文化价值和非凡的意义。

黄山歙县境内，条条古道纵横交错，构筑了通衢全国的交通网络系统

绵延数百公里的徽杭古道，漫漫之途，走出了一代代徽商巨贾，创造了一个个传奇神话。生于徽杭古道起点——如今绩溪县传统村落湖里村的胡雪岩，从古道发迹，凭借过人智慧成为赫赫有名的红顶商人，他翻山越岭到余杭，留下了坚定的辉煌。生于绩溪县传统村落龙川村的胡宗宪，官至兵部尚书、东南七省军事总督，为官后常常经徽杭古道往返于龙川与杭州之间，留下了不舍的思念。徽杭古道见证了无数徽州人的艰辛和汗水，静默不语，安然至今。

吃苦耐劳的"绩溪县牛""徽骆驼"为了生计，义无反顾地用脚掌走出了无数条纵横的山间古道，建立起了通达全域、全国的古道系统。

建于明代的传统建筑——大邦伯

▎流经许村的富资河

除了通余杭的"徽杭古道",徽州境内还有通古江西饶州的"徽饶古道"。当时徽商遍及饶州各地,促进了饶州陶瓷与徽州茶、墨的广泛交易,历史上的景德镇遍布徽州会馆,徽商掌握着制瓷业的最高商种——金融贸易业。此外还有徽州通达安庆的"徽安古道"、通往宁国府的"徽宁古道"以及其他错综交织的境内古道。

被纳入第三批"中国传统村落名录"的歙县石潭村为霞坑镇通往深渡镇而后转运新安江的必经之地;地处徽州区的呈坎村、许村则为旧时饶州府通往南京、北京古道上的必经村落。

徽州人不限于一时一地,而是以包容、开放的心态,执着于"条条大道通罗马"的人生真谛。徽州崇山峻岭间,相交或是平行的条条古道串联起了无数的传统村落、古镇,它们同江河边上因古码头和古商铺集聚而兴起的古镇、村落一起,在风云变幻中见证了徽商的发迹史,看过繁华之时,也留下了时代的印记。

唐末至南宋形成的许村,位于歙县西北,它向西连接着徽州区富溪乡,向北邻靠"徽杭古道"附近的绩溪县上庄村,徽州府至安庆府间的"箬岭古道"径直绕村而过,形成了四通八达的关隘之地。

许村明代古图

北倚箬岭、金屏，南迎天马、蒲山，东文峰、西武山，山环水绕间，许村散发着徽州村落独有的韵味。缓缓的昉溪和升溪在这里交汇，途径元代高阳廊桥下而汇聚入富资河水，缓急间直入新安江。明弘治年间的《徽州府志》已有对许村的记载，只不过当时它因新安太守任防而名为"任公村"。

向前追溯，唐末至北宋近百年间，许氏家族完成了由"中原衣冠"南迁成为"徽州望族"的过渡期。许村一村一大姓，在百年间经历了太多历史，也留下了太多记忆。

《许村山川图记》曾写道，"西有武山，巍然高出，犹一夫秉节，万人莫夺"之势，东干绵延、西干挺拔，暗合"文武之道，一张一弛"的理念。村落滋养着一代代文人墨客，历史上先后共出进士48人，为徽州古村之最。大学士许国、末代翰林许承尧等均是许村后裔。

漫步于许村，晨光铺洒，如今遗存的老街、商铺、古道都道出了曾经的繁盛之景。作为徽宁古道"箬岭古道"段上的驿站村落，在南宋后徽商崛起的时代，许村凭借着其为安庆府与徽州府间的交通要道而迅速走向繁荣，成为了歙北要塞和重要的物资转运集散地。

许村风俗传统——嬉大刀，它是为了纪念和继承先祖许远的忠勇精神

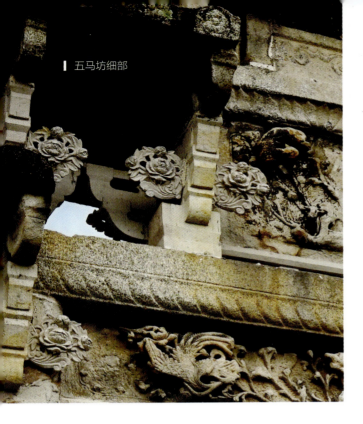

五马坊细部

《许氏宗谱》序言曾提到,"徽州六邑,而称富庶,歙之最。歙之名乡虑数十,昉溪为最",明清时代许村的繁华与"箬岭古道"途经有着密切的联系。

明清徽商的兴盛,促使沿途许村建设迅速发展,老街、店铺逐渐兴起,精美的传统建筑鳞次栉比,至今仍保留着元、明、清等朝代100余幢传统建筑。这里有旌表节孝的"彤史垂芳坊",恩赐许伯升的"大郡伯第门坊",始建于明代的"大观亭",为主管三朝翰林院的汪德章、汪伯爵所立的"三朝典翰坊",以及观察第、大墓祠、许社林宅、五马坊等人文景观和武岳凌云、文峰贯日、灵嶂环青、黄山孕秀、任公钓台等自然遗存的"许村十二景"。

回眸历史,依稀可寻老街岁月,可见幢幢祠坊。许村依托着深厚的历史积淀、丰富的传统建筑群而入选第二批"中国传统村落名录"。它不仅被纳入黄山市"百村千幢"修缮工程,还在安徽省住房和城乡建设厅的支持下,以数字化技术手段,实现了线上村落全方位展示,村落数字博物馆被收纳到了住房和城乡建设部"中国传统村落数字博物馆"中。

五马坊

宗

同宗同族有新意

相逢哪用通名姓,但问高居何处村

2019年3月24日,在绩溪县汪华故里大庙汪村,一场中断了半个多世纪的全国汪氏宗亲祭祖活动在众人期待中,拉开了序幕

呈坎村宝纶阁

"百代祠堂古，千村世族和"，"聚族成村到处同，尊卑有序见淳风"，徽州历来重视宗族传统，如今散落在各传统村落的百年历史宗族祠堂、家族宗谱都是家族历史的见证，这里镌刻着家族的年轮，国家的历史，更以一种无形的家族文化理念影响着世代族人。

历史上西晋"永嘉之乱"、唐末"安史之乱"、宋代"靖康之乱"导致的三次大规模中原衣冠士族的南迁，让古老的山越民族开始告别"手捧苞芦粿，脚踏硬炭火，天高皇帝远，神仙就是我"的原始状态，转而在与中原文明的激烈交锋中，逐渐被同化。除了战乱移民，文人移民、官者移民比比皆是，他们青睐于徽州的山水美景，故而长居于此，繁衍生息。如汉初长沙王吴氏家族，散居于歙县，被视为"新安发派始祖"。

为了安全考虑，迁入的中原人聚族而居，形成了传统村落中以宗族祠堂为核心的一村一大姓模式。随着人口繁衍，以血缘为纽带的族人逐渐外迁聚而成村，但不同村落的姓氏宗祠、宗谱、祭祀仍传承不断，建筑、风俗等都一脉相承。正如古谚语说的那样，"吾邑万山中，风俗最近古。村墟霭相望，往往聚族处"。安徽传统村落歙县汪村、绩溪县瀛洲镇汪村、池州市汪村等均以族姓"汪"命名村落，追本溯源，他们都源于绩溪县瀛洲镇汪村。

如今徽州地区的传统村落中仍延续着修谱的传统，祖籍为歙县篁墩村的明代理学大师朱熹曾告诫，"三世不修谱，当以不孝论"。从族谱到支谱、家谱、村谱，续修谱牒工作绵延不绝。绩溪县西关村、南门外村章氏宗族，尚村的方氏家族，伏岭村的邵氏家族等近几年陆续开展了宗族支谱续修工作。

绩溪县平坑村《俞氏宗谱》中教导后世从善积德的内容

除了继续传统的家谱续修习俗，徽州地区的传统村落里还延续着同姓族人众筹资金修缮祠堂的现象。祠堂不仅是安放先祖灵魂的地方，更是宗族团结的公共场地。绩溪县平坑村俞氏族人为了修缮宗祠，组成了老、中、青三代核心组，他们跑遍了所有从平坑迁出的俞氏族人村落，用三个月筹集了修缮资金近10万。

散得开，收得拢，徽州地区各村皆有姓，各姓皆有祠，各祠皆有谱。因为有祠堂、宗谱，同宗族人用时间战胜了空间。几世之间，流转如星辰，但追寻先祖的足迹仍是不变的赤子初心。

2019年3月24日，来自浙江、江西、河南等各省汪氏宗亲代表近500人聚集在先祖汪华故里——绩溪县瀛洲镇汪村，共同祭奠隋末统摄"江南六州"的先祖——越国公汪华。这是第二届"中华汪氏宗亲祭祖大会"暨花朝会，也是一场村落中穿越时空的团圆。汪氏宗亲通过"一方有难，八方支援"的行动践行了宗族文化的真谛。

祠堂、祭祀、修谱，对于十分注重宗族文化的徽州村落来说，远远不够，宗族文化的精髓早已成为一种信仰，融入了一代代族人的心中。

▍章氏祭祖仪式

呈坎村罗东舒祠中悬挂着"彝伦攸叙"的牌匾

到徽州区呈坎村，罗东舒祠高悬的"彝伦攸叙"牌匾即警示后世，要明常理，知先后，尊重长幼顺序。在安庆万涧村，杨氏老屋中堂悬挂的"四知世族"是为了让后人做事问心无愧，天知、地知、你知、我知，何为无人可知？在泾县茂林村，光绪十七年赐予吴氏家族的"四代五世同堂"牌匾，以楹联"钦旌四代五兴同堂江左名扬，嘉表三辈十贤联荣族中望重"向后世传达着期望。

泾县茂林村的"四代五世同堂"家族

石门村年会上的舞草龙活动

几百年间，藏于徽州村落的宗族世家，让家族文化刻在牌匾上，呈于楹联中，在宗谱中传承历代，在族人间永现光芒。

为了推动传统村落发展，歙县石潭村的吴氏族人通过现代通信方式，将村落山水田园的美景传播给了全国摄影人，带动休闲旅游产业；在坡山村，回村的方锦山通过持续策划，携手同宗族人为村落制定了五年复兴计划，在推出村落品牌的同时，更注重修缮村落祠堂、维护基础设施、扶助村落孤寡老人等。

▍坡山村以云海与油菜花为品牌,引来了诸多摄影爱好者,带动了村落的农家乐发展

在徽州传统村落中，通过内生动力，以反哺形式带动村落振兴的例子很多。绩溪县伏岭村的邵期静，通过与村委、村民的不断沟通策划，将村落的三座邵氏支祠作为弘扬村落文化的基地，建设了家风馆、徽菜馆、非遗馆；绩溪县丛山村的新旧乡贤通过艺术、音乐、空间改造，培育了可持续的文创产业；绩溪县瀛洲村民间摄影团通过每年一度的乡村年会，在五年间用事件活动，推动了尚村、石门村、伏岭村、上庄村、瀛州村的乡村休闲旅游。

"门前溪流无岁月，村后林木有春秋"，背山环水的徽州传统村落，见证了千年以前，村落宗族的兴起繁荣，也目睹了百年之后，世代传承创新，虽时代变迁如白驹过隙，唯宗族精髓越发深植于心。

贤

古乡贤与新农人

明清老屋和现代乡建的共舞与火花

村民合作社的成员正在包装干菊花

"奇峰出奇云，秀木含秀气。清晏皖公山，巉绝称人赞！"一座山水之村不仅在岁月中孕育了厚重的宗族、老屋文化，也在时光中见证着老屋修缮和文化复兴。

▌万涧村历来有"皖山的后花园"的美誉

万涧村,一座山水之村不仅在岁月中孕育了厚重的宗族、老屋文化,也在时光中见证着老屋修缮和文化复兴。驻村已有一年的四川妹子刘琳,受安徽省住房和城乡建设厅委托,用陪伴式成长,和当地住建部门、本土村民众手铸就着万涧村一方水土的新天地,见证着一场蝶变之旅。

"奇峰出奇云,秀木含秀气。清晏皖公山,巉绝称人赞!"诗仙李白钟情于山水,他曾游皖公山并赞叹不已。而明代,皖公山东南麓下,一处万涧河水高低跌宕、蜿蜒而过的地方——万涧村逐渐开始形成,并被世人称之为"皖山的后花园"。

"皖山、皖水、皖城",皖公山现名天柱山,是一座花岗岩构成的山峰,它所位于的潜山县不仅是皖文化的发源地,更是安徽"皖"字的最初来源,而山下万涧村则囊括了历史悠久的皖文化和皖派建筑。

■ 杨家老屋中厅

杨氏祠堂

在万涧村，蔚为壮观的是杨家老屋，俯瞰老屋二井三厅，"回"形单体东西延长，2800平方米、能容纳34户人家的大屋是20世纪90年代的省保单位，不同于一江之隔皖南高筑的马头墙和封闭的门窗，万涧大屋开放、敞亮，极具包容性。"我能记得小时候，每到过年老屋就极为热闹，每家每户的饭香味交织在一起，那是我一辈子都忘不了的味道。"杨天宇老人说。刘琳时常会探望杨老，也心酸于老屋的"凋零"，"老屋如今仅存6户人家，杨天宇老人总在回忆老屋曾经的'繁荣'，不忍看着老屋一点点地坍塌，直到每一个角落都充满孤独和寂寥。"

杨天宇老人时常会翻看家族的宗谱，回忆起老屋曾经的热闹

杨氏祠堂中的戏台。1998年被认定为安徽省级保护单位的杨氏祠堂，如今也被列入了"拯救老屋"行动

从2017年4月开始，一切都在发生着变化。安徽省住房和城乡建设厅选定了潜山优秀传统村落万涧村作为传统村落保护发展的试点对象之一，并开始以空间改造、人居环境改善、产业培育和机制建设四方面组织了中国城市规划设计研究院专家团队对万涧村展开了一系列工作。在一年半的时间里，从老屋修缮到活态改造，从产业扶持到品牌化销售，天柱山脚下的万涧村渐渐开始迎来了人气。

2018年4月，潜山住建局、文化委、财政局、规划局在已经成立的"拯救老屋行动小组"的基础上制定了《潜山县关于加强传统建筑保护利用发展工作方案（试行）》和《潜山县传统建筑保护专项资金管理办法（试行）》，并成立了潜山市古皖传统村落建筑发展有限公司，承接了老屋从修缮、运营到招商的系列项目，开始了一场与时间的赛跑。

建于明代的杨家老屋,最盛时容纳了34户人家

已经启动的杨家花屋改造工程现场,花屋未来将成为村落接待的民宿

为了老屋能得到尽快修缮,避免复杂的审批流程,项目最大程度地实现了机制的灵活,即200万元以下的老屋修缮专款可以由潜山住建局自行抉择。通过现场验收,根据修缮效果及资金投入再进行后续补助。"拯救老屋"行动才刚刚开始,除了已普查后挂牌的289处传统建筑,分批申请挂牌修缮的建筑还在陆续接受中。

万涧村清代杨家老屋、杨氏祠堂、杨家大屋及杨家花屋也在修缮和改造的列表中。杨家老屋将被改造为"民俗文化博物馆",成为一种活态保护样本;杨家花屋将被改造为老屋民宿,原来的造纸作坊也将被改造为儿童图书馆。

驻村规划师刘琳正在与合作社雇用的妇女包装菊花茶

> 杨天宇老人为了老屋流转的事情，四处奔走，最终说服了杨家老屋30多户居民，签署了流转合同

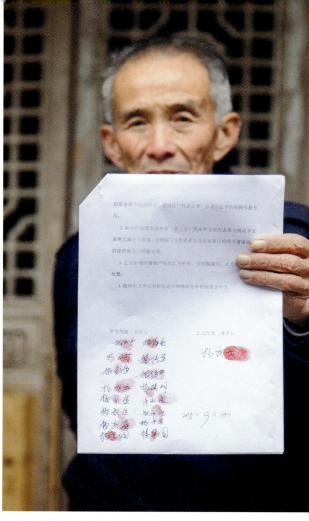

从2018年6月开始驻村，刘琳负责对接村落试点的一切工作，她见证了老屋的涅槃之旅。"我不想老屋在我这儿倒了，我就想老屋弄得干干净净，亮亮堂堂的。"老屋的杨天宇老人为了能让老屋34户都联名签署转让合同而四处奔走，村民的不理解、不配合和埋怨，最后都化作"同意"二字，为此，刘琳对杨老心怀感恩。

刘琳驻村一年多来，除了紧跟改造现场，还在合作社里承担极为重要的角色。与普通合作社不同，万涧村的合作社由散户、村委和专家政府组成管委会，对其进行监督管理，在保证产业发展的同时也确保方向的正确性。从初期9户入社到现在的81户，外乡来的驻村年轻人刘琳和本村老村民杨天宇等共同努力，让村民合作社一步步地走向壮大。

> 万涧村的金丝菊礼盒

▎通过土地的统一利用，万涧村合作社种植了十亩菊花

从2018年7月成立，合作社就在村落产业品牌化的路上探索前进，从确定引进"金丝菊"种植到现在，万涧村的花田村组试点种植了近10亩菊花，首次干花产量达300斤，不到半个月就收入了1.4万。"而这只是开始，菊花茶种植试点还会在今后得到不断扩大。"刘琳说。

万涧村倚着天柱山，又在修缮明清老屋的同时实现了老为新用的活态改造，打造网红打卡点，实现了互惠互利的联动发展。通过驻村陪伴式成长，菊花产业及品牌正在逐渐壮大。万涧村在明清历史和现代创意间寻求着平衡，也在老乡贤和新农人的共谋下，实现了重生。

竹林深处的杨家老屋作为试点,将被改造为"民俗博物馆",作为村落文化宣传的窗口

调红白于面,沧桑目连劝人善

追述徽剧鼻祖,京剧源头的传奇故事

表演过后的王秋来换了上衣,停坐在一旁抽烟

▎历溪村合一堂

"西方路上一只鹅，口喊仙草念弥陀。连毛倒有修行意，人不修来待如何？"红白于面，唱念做打，演了七天七夜的"目连救母"道出了世道沧桑，念人从善，教人孝道，告人且行且珍惜。这一人鬼同台、极具怪诞的目连戏种就起源于徽州祁门环砂村，而如今，历史上目连戏八大戏班之一祁门历溪村的"历溪班"在延续百年之后，继续传承上演着这一剧目。

宋代孟元老的《东京梦华录》最早记录了"人鬼同台"的目连戏，而如今，目连戏已成为第一批国家级非物质文化遗产。追根溯源，它的武功杂耍表演成就了徽剧，也随着四大徽班进京而进一步成就了国粹——京剧。纵览徽州，明清的徽商极富大贵之余，带动了各类戏曲剧种的全面繁荣，壮大于安庆的喜庆黄梅戏，繁盛于歙县走遍整个徽州乃至中国的徽剧，促成了起源于祁门牯牛降下的目连戏。

历溪村正在上演的《目连救母》戏

安庆潜山县万涧村杨氏祠堂古戏台,徽剧三庆班班主、被称为"京剧鼻祖"的程长庚曾在这里唱过徽剧并题字

如今,舜溪河岸上的历溪村目连戏班则是至今仅存的几个戏班之一,八十岁的王秋来是目连戏的第五代传人,也是如今目连戏"历溪班"的台柱子。现在的戏班由十多人组成,他扮演主人公傅罗卜。锣鼓喧天中,他跳上跳下,掩面、哭泣、拭泪、挨打,一招一式间,揪心的故事徐徐展开。

《目连救母》讲的是王舍城中一个虔诚信佛的家庭,生活着傅相、刘青提夫妇及儿子傅罗卜,青提夫人不敬神明,吝啬、贪婪,终入了地狱,傅罗卜为了从地狱中救出母亲而潜心求佛,法号目连。后来他得到神通而穿越阴阳两界,踏六道生死关,遍寻十层阎罗殿而来到地狱见了受苦的母亲,通过向佛祈求,广行善事才终于救出了母亲。

调 红白于面,沧桑目连劝人善

祁门民间流传着"目连戏出在环砂，编在清溪，打在栗木"，而环砂村、清溪村、栗木村都地处祁门县。目连戏从口口相传到戏文的体系化，明代祁门清溪村的落榜读书人郑之珍编写的《新编目连戏救母劝善戏文》成为重要转折点。到了清代，目连戏风靡于中国东南一带，甚至远达山西、河南等北方地区。当时，最棒的戏班在祁门的栗木村，而如今传承较好的则是距离栗木村不远的历溪村"历溪班"。

▎目连戏中的武打动作成为后来徽剧的必要元素

舜溪河水从牯牛降国家二级水源保护地缓缓流出，流经的第一个村落就是历溪村。建于明景泰年间的舜溪桥就坐落在历溪村

历溪村处于国家级自然保护区牯牛降山麓,历溪山脚下,国家二级水源保护地流出的舜溪河蜿蜒入村,在山水之中孕育了新安医人辈出的"御医村",也造就了名扬天下的"祁红"和历溪十二景,其中目连戏就是这十二景之一。

目连戏自古宣传从善,孝道,爱护生灵,济孤扶弱,在古时没有严格法律的情况下,以示范表演教人正道何在,意义重大。然而,随着时代的变化,传统遗失似乎成为某种时代怪状,空间逐渐消失,优秀的传统文化遗产随之灭亡,重视之余,让非遗继续活态延续的必然条件便是保护它赖以依存的物质空间载体——村落,这也是实现文化遗产整体性保护的关键。

扫一扫
进入历溪村

历溪村合一堂

❘ 源自牯牛降的舜溪河穿村而过

历溪村合一堂

调 红白于面，沧桑目连劝人善

表演之前，正在化妆的戏班成员。戏班的每个成员都会背着一个自己的化妆、梳洗袋，化妆一般都是自行解决

表演后，目连戏"历溪班"演员一般都会集体谢幕

2013年，目连戏起源地祁门环砂村和历溪村均被纳入第二批"中国传统村落名录"，并由省住房和城乡建设厅牵头，联合省财政等多部门共同参与的全省传统村落保护利用发展工作协调机制，完成了传统村落"一村一档"建设、专项保护发展规划及建设项目库。

根据《祁门县中国传统村落保护工作实施方案》，祁门县"传统村落保护项目实施工作领导小组"在县住建局设立了办公室，有效地保障了各项工作的顺利开展。当地住建局积极协助乡镇，委托资质单位编制了《祁门县传统村落保护项目实施工作实施方案》，经过多轮修改，完成了包括历溪村、环砂村在内的村落发展规划。

距今有500年历史的镇南祠曾是祠堂与神庙合二为一的建筑,现在已被改为"御医博物馆",馆内高悬祁门县曾经的21位御医画像

历溪村、环砂村还得到了住房和城乡建设部、省住房和城乡建设厅的资金支持，地方住建部门进行的"村落环境整治""百村千幢"等工程也得到了顺利开展。通过老屋修缮、基础设施整治、驻村专家和村落联络员的设立等实现了村落保护发展的全监督。建于清末的祠堂——新芝堂如今也作为"目连戏传习基地"，每逢过年过节或是游客来玩，历溪的目连戏剧团就会在此搭台唱戏。整治、修缮工作使村落物质文化遗产得到了修缮，非物质文化遗产也得到了延续和传承。

此外，祁门县住房和城乡建设局通过委托相关单位，完成了集合VR、三维、全景漫游等技术在内的"历溪村传统村落数字博物馆"，村落得到了线上全面推广，"历溪目连戏"也得到了社会上更多年轻人的关注。

历溪村的石头街巷

咿呀声中,尘封已久的目连戏对白又一次响起,也许这就是活态传统村落和优秀文化遗产应该有的声音和模样。

如今,目连戏在古徽州地区的传承地不仅只有祁门历溪村,附近的歙县长陔乡传统村落韶坑村和长标村也都保留着传统目连戏班。为了谋得生计,清代乾隆三十七年(1772年)韶坑村成立了目连戏班,他们四处流动演出,时至今日已延续了近三百年。

目连戏中武功杂耍的表演方式被后来的徽剧所吸收,源自中国古老的祭祀巫舞傩戏面具则衍生为了后来的徽剧脸谱。而徽剧作为徽州腔与昆曲的结合,则是天时地利人和的杰作。徽州腔起源于明嘉靖年间,万历年间开始盛行。汤显祖的《宜黄县戏神清源师庙记》和王骥德《曲律·论腔调》中都明确记载了徽州腔的存在,而徽剧则是徽州本土腔调和昆腔的结合体。

历溪村的百年古树——佛掌香樟树，被当地人称为神树

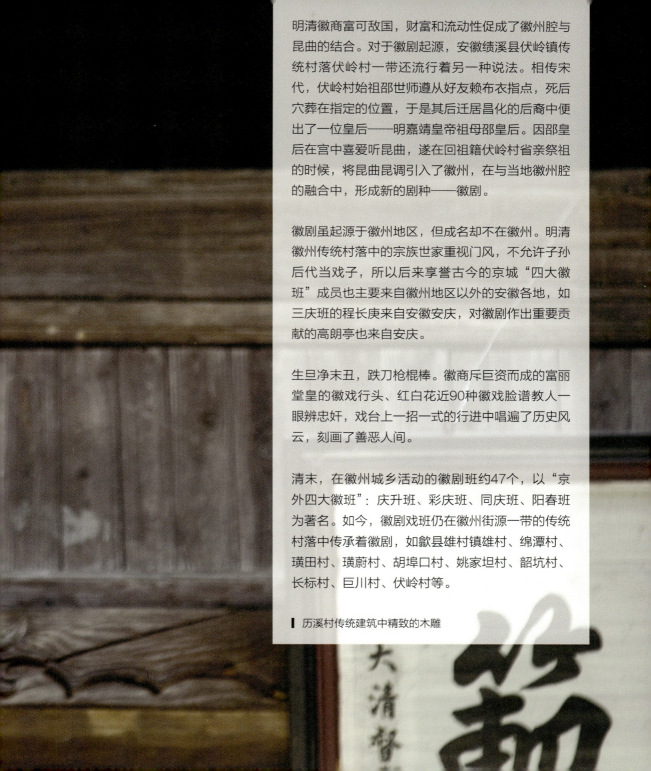

明清徽商富可敌国，财富和流动性促成了徽州腔与昆曲的结合。对于徽剧起源，安徽绩溪县伏岭镇传统村落伏岭村一带还流行着另一种说法。相传宋代，伏岭村始祖邵世师遵从好友赖布衣指点，死后穴葬在指定的位置，于是其后迁居昌化的后裔中便出了一位皇后——明嘉靖皇帝祖母邵皇后。因邵皇后在宫中喜爱听昆曲，遂在回祖籍伏岭村省亲祭祖的时候，将昆曲昆调引入了徽州，在与当地徽州腔的融合中，形成新的剧种——徽剧。

徽剧虽起源于徽州地区，但成名却不在徽州。明清徽州传统村落中的宗族世家重视门风，不允许子孙后代当戏子，所以后来享誉古今的京城"四大徽班"成员也主要来自徽州地区以外的安徽各地，如三庆班的程长庚来自安徽安庆，对徽剧作出重要贡献的高朗亭也来自安庆。

生旦净末丑，跌刀枪棍棒。徽商斥巨资而成的富丽堂皇的徽戏行头、红白花近90种徽戏脸谱教人一眼辨忠奸，戏台上一招一式的行进中唱遍了历史风云，刻画了善恶人间。

清末，在徽州城乡活动的徽剧班约47个，以"京外四大徽班"：庆升班、彩庆班、同庆班、阳春班为著名。如今，徽剧戏班仍在徽州街源一带的传统村落中传承着徽剧，如歙县雄村镇雄村、绵潭村、璜田村、璜蔚村、胡埠口村、姚家坦村、韶坑村、长标村、巨川村、伏岭村等。

▎历溪村传统建筑中精致的木雕

20世纪60年代,伏岭村徽剧团演员合影

歙县传统村落绵潭村如今倚靠着"新安江山水画廊"旅游线路的开发,成为游线上一个戏剧演出的参观点。每到节假日,一艘艘载着上百人的游船从深度村驶向九砂村、绵潭村、漳潭村,并停留在绵潭村古戏台里享受一番地方戏剧的饕餮盛宴,三两好友,摇着竹扇,品着绿茶,江中人潮涌动,心中怡然自得。

新安江畔的绵潭村,作为新安江上的商埠码头,百年间,各地人流交织,这里逐渐形成了以徽剧、黄梅戏等为基础的地方戏,也造就了坊间流传的赞誉:"打不完的漳潭鱼,砍不完的九砂柴,看不完的绵潭戏。"

在徽州地区,起源于歙县传统村落雄村镇雄村的徽班"庆生班"和绩溪县传统村落伏岭镇伏岭村的徽班历史最为悠久,延续时间最长。

绩溪县伏岭村有证可考的徽班起源时间是清道光十年(1830年),自那时,徽剧便在伏岭村一直延续至今,被称为"徽州徽剧文化的活化石"。不同的是,伏岭村的徽剧是作为起源于南宋时期的传统民俗——舞狳中的一个附带节目,而戏班成员一直以来都是8~13岁的孩子。

20世纪50年代末,绩溪县以伏岭村为主,在全县范围内选拔了一批徽剧老艺人,同时从伏岭村小学筛选出了25人成立了"绩溪县徽剧团",并将团址设在伏岭村。三十年后,全国徽调、皮黄学术研讨会开展的徽剧研讨会也邀请徽剧团表演了传统剧目《龙虎斗》等。

如今,时隔六十多年,原来的徽剧团成员邵名钦、邵千峰也都年近古稀,他们成了徽剧的传承人,也成了村落中培养一代代徽剧传人的老师。

伏岭村拥有100多年历史的徽剧戏服、戏帽，如今陈列在村内邵氏支祠中，戏服均为上等苏绣绸缎制成

伏岭村的邵氏支祠也是村落陈列徽剧戏服、戏帽的博物馆

2000年，伏岭村成立了徽剧童子研习班。徽剧童子研习班制定了弘扬传统徽剧的五年计划，邀请了伏岭村徽剧非遗传承人教学，从每届学生中都会精选出约15个学生作为戏班成员，进行徽剧传承、表演，他们表演的剧目仍是祖辈留下来的经典佳作。

▍伏岭村徽剧童子研习班正在表演传统徽剧剧目

徽剧起源于古徽州，如今又在古徽州的传统村落中得到了传承与创新。歙县的璜田村作为第五批中国传统村落，于2013年被列为徽剧非物质文化遗产保护基地。2016年村落以百年古戏台为依托，建起了璜田村街源徽剧馆，为徽剧文化的弘扬和传承推波助澜。

漫步于雨雾之中的徽州古巷，不远处，在偌大的宗族祠堂里，精致的三雕戏台上，昏暗的灯光氤氲中，一场穿越时空的交流正在上演。铿锵的呀啊声划破长空中的寂静，一幕幕传统徽剧的经典剧目让人尽享饕餮，刀光之间，一步一趋沧海桑田，一怒一笑已逾百年。

在伏岭村,历来有轮流保管徽剧戏服的传统

如今,每年春节使用的表演戏服均由村里的邵老保存。伏岭村历来有一个习俗,即"做30岁"。古时,每至春节,30岁的男丁都会回村进行成人礼,共同出资修桥补路,从苏杭购置回上好的戏服,请小徽剧团为全村人表演。这一习俗仍然延续至今,形成了村落最为独特的文化现象。

调 红白于面,沧桑目连劝人善 145

茶

老茶问道,馨香谁家

祁红屯绿,勾起最初的乡愁记忆

中国十大名茶中，安徽独占三份：皖南黄山毛峰、祁门红茶、六安瓜片。皖南崇山峻岭中的天然土壤、纵横交错的山间清澈溪流成就了"摘叶为茶"的神奇景象。春季，层层茶田馨香四溢，与皖南传统村落的片片金黄色油菜花梯田、墨绿悠韧的毛竹交相辉映，呈现出了毛竹、山茶、油菜花错落的层次感，构成了一幅迷人的乡村春景图。

广袤的中国大地上，长江以南地区因土壤特殊而盛产茶叶，如安徽黄山祁门县与江西景德镇浮梁县，以一山为界，均产红茶。产自祁门，命名"祁红"，生于浮梁，名曰"浮红"，百年间茶香不断，成为白居易笔下商人的标配："商人重利轻别离，前月浮梁买茶去。"

生长于山间的茶，从自然源头到手工制作，都与邻近村落有着渊源关系。村中的茶农以谷雨时节为界，将清明节前作为采茶的黄金时间；茶鲜叶经过人工摇青、筛青、炒青、揉捻等工序最终成形，留下了做茶的非遗传承人。如今，歙县汪满田村传承着黄山毛峰、银钩茶制作工艺；歙县坡山村、崇山村以及三阳村一带仍延续着大方制茶技艺。手工制茶的精益求精又让徽州的红、绿、菊花茶通过品牌化产品、多元化的茶展，连同文化一起传播到了国内外。

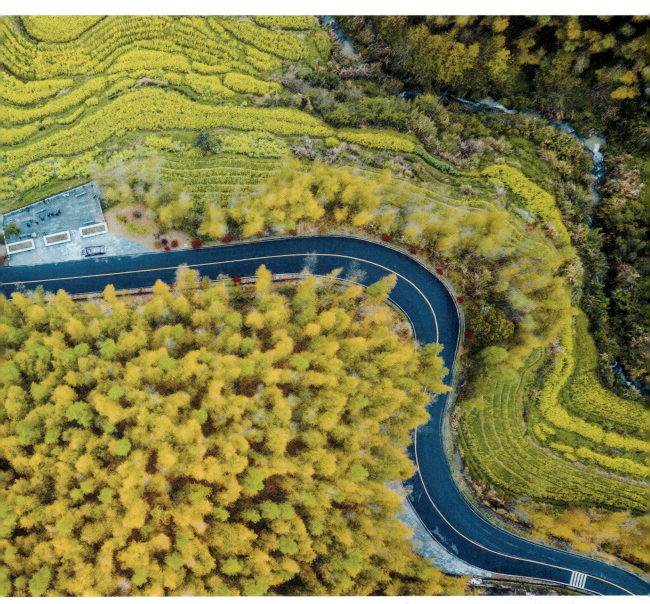

▎在徽州，有遍布山间的毛竹林、茶园

国家历史自然保护区牯牛降山下的历溪村红茶厂

祁门村牯牛降山下的茶园

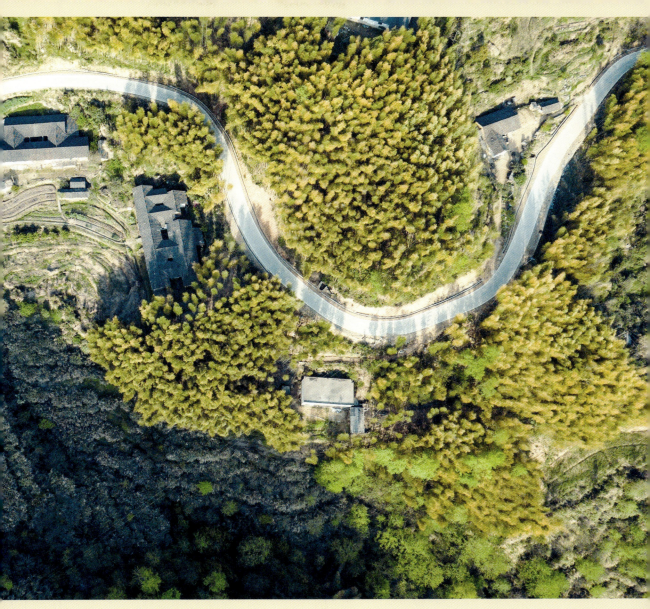

▎在安庆潜山县万涧村,茶田遍及山地

祁门红茶产区主要在国家级自然保护区下的传统村落历溪村,来自牯牛降的天然水源灌溉着成片的茶田,百年间成就了英国王室口中的"茶中英豪"——祁红,祁红在1915年巴拿马万国博览会上一举摘得了金奖。如今,历溪村边牯牛降山下的历溪茶厂正向国内各地输送着祁门红茶,以品牌化方式为人们带去了深山原始的自然之味。

除了红茶，安徽境内各地还世代种植着各种类型的绿茶，它们主要分布在下辖村落中，延续着百年种植传统，传承着不变的制作技艺。源自黄山徽州区富溪乡的毛峰为人熟知，自清代光绪年间由谢正安创立品牌后，便开始蜚声国内外，造就了如今的"谢裕大绿茶"。此外，产自黄山区北部的太平猴魁茶、绩溪县城西北部金山村的"金山时雨茶"，都依靠得天独厚的自然环境以及后世的品牌化思路，将茶品推向了更广阔的市场，成为村落致富的重要产业。如今，能品上一杯金山时雨茶，便可称人生若仙。

休宁县下传统村落右龙村、石屋坑村、附近的岭脚村以及郭源里村以银毫绿茶闻名远近，通过创建"新安源银毫"茶叶品牌，让世代的传统茶品及徽州茶文化得到了进一步传播。

歙县杞梓里镇唐里村、安庆潜山县传统村落龙潭、万涧村等地也开始逐渐注重绿茶的品牌化。龙潭、万涧历代种植一种野茶，名曰朱岭贡茶。秦韬玉在《采茶歌》中曾赞道："天柱香芽露香发，灿研瑟瑟穿荻簏……老翠香尘下才熟，搅时绕箸秋云绿。""天柱"为地处潜山县的天柱山，其山下万涧村、龙潭村即产朱岭贡茶，如今也通过合作社逐渐开始走上了品牌化道路。

潜山万涧村，村合作社刚刚开始走上了野茶朱岭贡茶的品牌化道路

▎潜山万涧村

红、绿之外，徽州地区历来还有种植菊花茶的传统，比如歙县坡山村、五渡村、石潭村。每至秋季，片片菊花田金黄灿烂，与传统粉墙黛瓦的徽派建筑构成了一幅美景图。其中，安庆潜山万涧村的菊花茶种植产业，通过村落合作社将产品销往了国内各地，并逐渐走向产业化、规模化，实现了传统村落的产业振兴。

茶入盏中，以清泉水冲泡，一片绿叶融着自然的万千奥秘，馨香之气飘过幽幽的高墙深巷，余味绕村，久久弥漫，这是独属徽村的韵味。

花 四月的人间花海

灰白之间，自然馈赠予徽村的视觉飨餐

俯瞰石潭村，形似燕窝状

春天，漫山遍野的油菜花包裹着石潭村。20世纪90年代，石潭村因油菜花而闻名世界，陆续引来了诸多摄影爱好者

有一个地方，方寸之间，穷尽山水之美；灰白交织，融入春秋颜色，这就是皖南徽州。每到三四月份，皖南传统村落漫山遍野的油菜花就铺满了层层梯田，灿烂的黄色浸染了粉墙黛瓦，绚烂了春天的气息。清代乾隆皇帝曾赋诗："黄萼裳裳绿叶稠，千村欣卜榨新油。爱他生计资民用，不是闲花野草流。"古往今来，徽州传统村落中成片的油菜花在满足基本食用功能之前，却开始以灿烂之美俘获了无数摄影师的心，自20世纪90年代开始逐渐成为大批摄影爱好者争相拍摄的饕餮美景。

花 四月的人间花海

▍石潭村全景

因为油菜花，2016年，绩溪县家朋乡被授予了"摄影小镇"的称号，自此，每年春天油菜花盛开的季节，一批批的摄影师就会扛着"短枪长炮"，摩拳擦掌地准备满载而归。为此，每年的这个时候也被自发性地定为"油菜花摄影节"。

时间推到20世纪90年代，歙县霞坑镇石潭村最早被摄影师发现，也最早在"油菜花"上做文章。

石潭村地处歙县南部，背山环水融入山林，新安江水支流华源河潺潺沿村而过，蕴藏了石潭的过往云烟。因为华源河流经村落河段由"关老爷庙潭""九千潭""杨树潭"三潭汇聚而成，故名曰"石潭"。自宋代始迁祖吴唯迁居到石潭开始，八百年间这里官商人才辈出，留下了深厚的历史文化积淀。这里不仅是深霞古道的节点村落，也是古旌德、歙县徽商从水路经过新安江通往杭州的重要通道，临水的古埠码头就是历史的符号，它见证了一段商旅繁荣的老街岁月。

如同其他徽州村落格局所呈现的仿生形态一样，俯瞰时石潭村形似燕窝，燕子翩翩起舞，街巷脉络交错。20世纪90年代，一群浙江摄影师发现了石潭，光影之下最古老的油菜花梯田竟然成为人间胜景，摄影师拍摄的石潭油菜花田及村落美景一举获得了国际摄影大奖，石潭因为油菜花而声名鹊起。

2011年，石潭摄影基地被评为了"黄山市百家摄影点"的首位。当时连片的村落均以各自特色竞争摄影点，大部分也都以油菜花而备受摄影家喜爱，比如黟县的柯村盆地也是百家摄影点之一，也有以山间云海而著名的村落，如坡山村，而如今仍为人所熟知的还是石潭村。

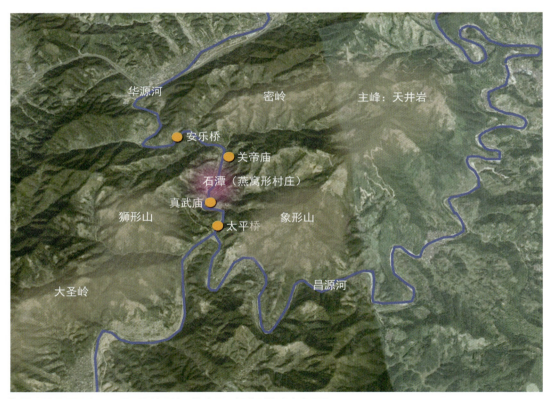

石潭村四面环山，华源河绕村而过，构成了一幅典型的生态宜居图

背山环水的石潭村漫山遍野的油菜花

建于明代的叙伦堂为村落大姓吴氏之祠，又名"百梁厅"。黄山市"百村千幢"工程曾将其列入修缮名录

石潭有美景，更有深厚的文化积淀。"至德启云礽，三让两家天下；大宗绵雪堰，千秋一脉江南。"追述第一始祖吴泰伯让位于弟季历、季历子昌，孔子称之为"至德"。而石潭与歙县北岸村、仓溪村吴氏有着兄弟情谊、渊源深远，又在本村开枝散叶，形成了兄弟祠堂——明代的"叙伦堂"和清代的"春晖堂"。

▎手绘石潭村叙伦堂

花 四月的人间花海

▌手绘图中的"至善堂"

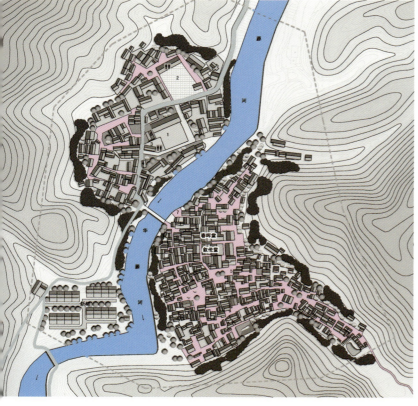

▌传统村落石潭村村庄整治规划

石潭村春晖堂

村落自古人丁兴旺，繁衍后期，人口居住逐渐向山上延伸，遂修筑百步石阶，通山上山下。百步阶通往的山顶如今是摄影师最钟爱的拍摄位置，俯瞰时，石板路蜿蜒曲折，盘旋在幢幢粉墙黛瓦间，青瓦之上炊烟袅袅；远处山峦叠翠，前后叠加层次分明，云海雨雾氤氲其间，山下流水潺潺，弥漫着朦胧的诗意；山腰层层油菜花梯田错落有致，在灰白交织间，绽放出了一抹灿烂的亮色，宛若清新淡雅的水墨画搭配着绚烂的油画。除了油菜花，石潭村还在积极打造包括向日葵花、贡菊、桂花等在内的四季景观。

2014年，石潭村入选了第三批"中国传统村落名录"，在修缮百步阶和石潭村落主街巷的同时，村落还在住建部门的主导下，组织开展了"三线下地"工程，进一步保护了村落的原始生态风貌；在黄山市住建部门"百村千幢"修缮工程中，叙伦堂、春晖堂等连片的明清传统建筑得到了进一步修缮。

石潭村通过"一事一议"的方式，将住房和城乡建设部下发的300万元资金用于古街巷、风雨桥、古树等村落历史环境要素的修缮以及村落基础设施和环境的改善。有计划的修缮工作，就是在传统与现代、传承与创新中寻找最佳平衡，让石潭村本有的价值越发突出和浓郁。彼时，蜿蜒小巷中的村民以及扛着照相机慕名而来的摄影师、旅客的欢声笑语，或许才是人间最美的风景。

石潭村背山环水,环境优美

味·乡村盛宴，味蕾饕餮

一半品味传播，一半文化传承

如今，屯溪老街上，徽州传统美食满目琳琅。"老徽馆"是绩溪县石门村路氏徽厨世家第四代传人开设的饭馆。这里不仅延续着传统的徽菜味道，也传播了徽菜文化

> 绩溪澄源西坑村每年正月十八举行的"十八朝赛琼碗"即是一种宗族祭祀仪式,也是一次徽菜全席盛宴

作为中国八大菜系之一,徽菜在选料、切配、烹饪等方面经长期演变自成体系,具有极为鲜明的地方文化色彩。这里有独特的山水气候和茂盛的林竹,这些自然的馈赠是"徽菜之乡"——绩溪县本底之色,历经百年而不变。同时,历史上的士族筵席、民间饮食习惯,让徽味承载了文化,绵延细腻间,源远流长。随着徽商远行,家乡的味道漂洋过海,不拘泥时空限制,覆盖到了全国,这种传承传播让徽州味道成为连接古今、跨越九州的乡愁。

徽菜延续着厨圣伊尹的中庸烹饪技法和孔孟食道的精细本味思想,在不断吸收、包容外埠技法的基础上逐渐完善成型。人们熟知臭鳜鱼、毛豆腐、臭豆腐,但却不知道在绩溪县"徽菜之乡"的各传统村落中,也许才能窥见徽菜的真正源头。

百年间,徽村民间筵席仪礼是孕育徽菜的温床。绩溪县岭南澄源地区传统的九碗六、六冷九热宴席沿袭至今。如今绩溪县传统村落尚村仍有九碗六制作传承人,徽州区呈坎村也延续了九碗六的菜式。

伏岭村的十碗八徽菜

逢年过节，徽州的传统村落中各家各户都会摆一桌九碗六或十碗八，一大家子围坐在一起共享饕餮，延续至今的宴席传统亦与村落以宗族祠堂为中心、重视宗族血缘的理念分不开。

从古至今，徽菜在传承的同时也跟随时代有所创新。2017年，绩溪县尚村作为省住房和城乡建设厅试点改造培育的中国传统村落，第一次迎来了国内各省的游客。尚村在专业单位的协助下，以传统九碗六筵席为基础，创新了一套"豆腐宴"。在选料、烹饪方式上传承传统，但在菜品上更偏向于满足现代人对小而精的追求。

与尚村九碗六宴席有异曲同工之妙的还有伏岭村的十碗八宴席，流行于歙县、黟县、休宁县村落中的八碗八以及十碗十盘四细点，绩溪县上庄村的一品锅、猪散伙，桐庐地区的十六回切，茂林村的十二碗等。

其中，一品锅最为人熟知。绩溪县岭北地区如今一直延续着一品锅宴席。炭锅炖菜，产自绩溪县传统村落深山中的蕨菜、角豆等分层码放，由下而上分层放猪肉、豆腐包、鸭蛋夹、鱼肉等。一品锅的味道让乾隆皇帝折服，兴而赐名。随后又因绩溪县上庄村的胡适而闻名，成为众人皆知的"胡适一品锅"。

▎绩溪上庄村的一品锅宴

有名的"胡适一品锅"是绩溪岭北传统村落上庄村流传至今的饕餮美味。相传,胡适出生在绩溪上庄村,胡适夫人做的一品锅叫人垂涎,在当时的名人大家间形成了追捧之风,"一品锅"也随着胡适不胫而走。如今,食客们为了吃上正宗的"胡适一品锅"而不远千里来到绩溪,来到上庄村。

宴席菜品之外,徽州传统村落中还有各种点心、面食。比如,用野菜浆汁制作的清明馃、用草木灰制成的观音豆腐、山林间竹笋干制而成的笋干、红薯蒸成的绩溪粉丝、梅干菜萝卜丝馅的挞馃、休宁县五城村的茶豆干和锅巴、徽州区灵山村的酒酿、皖中传统村落北闸老街的省级非遗美味"一品玉带糕"等。

味觉,是乡愁最初的记忆,它跟随人由古到今,超越了时间,跨越了千里。徽商的流动,带动了徽菜及徽厨的迁徙,因此徽商中有一类便是绩溪的徽菜馆商人。他们通过在苏、浙、沪开徽菜馆而飞黄腾达。沿着徽杭古道,一代代徽厨把徽味传遍了中国,也影响了浙菜、苏菜的最终形成。

绩溪石门村，101岁老人正在表演做挞粿

"上海路文彬，汉口胡桂森"，历史上比较有名的徽厨主要有绩溪县伏岭镇下辖的伏岭村邵氏、祝山村高氏、胡家村的胡氏、杨溪镇石门村的路氏。清中晚期至新中国成立，伏岭村人在外地开的徽菜馆近120家，主要分布在上海、芜湖、杭州、武汉等14个省市，有8000多徽菜从业者。

时代更迭，文脉仍在延续，各姓徽厨遍及中国。循着师祖远行的脚步，后人将徽菜馆开到了苏杭沪、开到了北上广；同时，又遵先辈叶落归根的思想，把徽菜馆开回了老街、开回了村落里。

清代上海徽菜馆的创始人，被《申报》称为"上海徽帮领袖"的徽菜领袖路文彬生于绩溪县杨溪镇近坑村，从石门村发家，一路到苏、浙，从学徒做起，后来在上海开设了6家徽菜馆，并在80家徽菜馆中拥有股份，经过钻研推出了200多种徽菜。后代延续传承着徽菜技艺，即使在抗日战争时期也辗转保存。如今，屯溪老街的老徽馆、绩溪县杨溪镇石门村的"路氏徽菜馆"均是其第四代、第五代传人所办。

历史的沧桑变迁中，从村落到城市，从徽州到中国，除了徽菜的传播、传承，徽菜制作技艺的传播、传承，如今徽菜作为一种文化也得到了传播与升华。伏岭村的邵期静，通过和村委的策划，以祠堂作为展厅，搭建了一座徽菜历史文化博物馆，宣传伏岭村世代徽厨的历史文化，还计划将伏岭镇打造为"徽菜小镇"，将村落文化整体推出。除此之外，一年一度的徽菜美食文化旅游节、徽菜主题筵席展都在让徽菜文化尚传统，迎未来。

不同姓氏宗族的村民共同庆祝丰收

助

以谷积之，赠人斗粮济天下

「十姓九祠、尚善古村」的今世传奇

扫一扫
进入尚村

云雾之中的尚村是"十姓九祠"文化的圣地

与普通徽州村落"一村一姓、一大宗族"的格局迥异，绩溪尚村容纳了十个姓氏的家族，自古至今不同家族间相濡以沫，延续着先祖互助融合的风俗与传统。

在尚村,竹篾匠人的手艺仍然留存着

徽州传统村落自古以来就孕育着姓氏宗族文化和互助互协的传统风俗,村落中的家族祠堂、公共厅堂就是这类文化的载体和象征,比如歙县石潭村的春晖堂、祁门历溪村的新知堂等都曾是宗族议事、众筹助贫的场所,而绩溪县尚村的"十姓九祠"则是徽州宗族及互助系统之下更为独特的存在。

与普通徽州村落"一村一姓、一大宗族"的规律有所不同,绩溪县尚村容纳了十个姓氏的家族。自古至今,村落居住格局、街巷空间处处都昭示着先祖互助融合、相濡以沫的风俗与传统。

从唐宋战乱,中原许氏第一次迁到尚村开始,高、章、方、周、张、唐、胡、王、李九姓就陆续迁徙于此。站在小山头俯瞰整个村落,粉墙黛瓦的徽州老屋顺山就水,十姓氏家族居住分布井然有序,以姓聚居又相互交融。高姓居于前街,章姓居于上前街,后居方姓。周家党、许家党亦居住着周姓和许姓,宅下园则居唐姓人家,"先来后到、长者礼谦"的谦让精神已不言而喻。此外,蜿蜒纵横于村落的条条街巷以初来宗族之姓命名,又在不断迁徙流转间成为他姓的住所,分离与融合在这里留下了无限的痕迹与记忆。

▍尚村春播场景

在尚村,"多姓难为一村"的固定规则被打破,取而代之的是十姓宗族融合文化之下更为广泛的多元和包容。"百匠之乡"是历史对尚村的嘉奖,不同宗族的人学习了不同的手艺,他们通过相互间手艺成品的交换,在贫穷年代形成了一个良性的村落小社会闭环,实现了最初的"共享";民国时期村落通过建立女子学堂,让男女皆有书可读;为了共同应对灾荒,不同姓氏族人共同组建了"积谷会","丰年积谷以存,荒年赠谷于人"。这种类似于"众筹"的组织形式,不仅是对各姓氏祖先善良待人、互助精神的传承,也在当时的现实情况下挽救了无数的尚村百姓。

"十姓九祠,尚善古村",如今走进尚村,赫然映入眼中的即是这八个大字,也许这不只是后人为之骄傲的精髓,更是提醒人们继续活态传承传统智慧的箴言。2016年,尚村被纳入第四批"中国传统村落名录"。一年后,安徽省住房和城乡建设厅选定尚村作为开展传统村落保护发展工作的试点及政策扶持对象。由安徽省住房和城乡建设厅组织开展工作,委托专业机构从村落规划、建筑改造、活动策划、运营再到驻村计划逐步落实,一切传统与美好正开始走向复兴。

助 以谷积之,赠人斗粮济天下

▎安徽省住房和城乡建设厅及专家团队到竹篷乡堂视察乡村试点工作情况

如今,尚村"积谷会"在住房和城乡建设厅试点工作开展后逐渐得到了恢复

"尚村积谷会"在被间断半个多世纪后也得到了恢复,如今积谷会成员规模在不断扩大,还成立了"尚村合作社"及"理事会",十姓族人常会坐在一起商量村子大大小小的事情,甚至为了村子的未来和发展选择无偿付出。

与此同时,从处深闺之中无人问津到摄影师、专家、游者为之慕名而来,破败房子改造后的尚村网红地——竹篷乡堂不仅成为特殊节日里游者、摄影师打卡的胜地,也在平常生活中成为村落百姓议事的新型公共场所。

一片灰白之中,一抹亮色划过天际,它让人忘记了老屋曾经的衰败和忧伤,只记得夜色之中厚重的粉墙黛瓦与年轻的竹篷间形成了奇特的时空交错和历史对话,也许这一刻才是真正的古今共舞,敬先祖智慧,赞后辈情怀。

▎象征宗族、村民团结的民俗活动板凳龙

▎晒秋是尚村独有的一道风景线。每逢秋日,尚村的晒秋活动都会引来无数的摄影师

尚村有四景：春日油菜花梯田、夏日百亩荷花、秋日向日葵花、冬日簌簌的雪花。从身处深闺无人问津到摄影师、专家为之慕名而来，尚村进入了众人视眼

匠

我在古村修古物

手艺传承下，一颗『璞玉』的蜕化之旅

在休宁传统村落黄村的光裕堂内,摆放着一对精致的木雕桌椅

歙县瞻淇村的京兆第

在徽州传统村落中，依山就势散落着幢幢粉墙黛瓦的明清老屋、祠堂庙宇，各种建筑上的徽派门楼、飞檐翘壁、马头墙、屋角雀替、门窗罩等，其玲珑剔透间的精美绝伦之处，莫过于附着其上为装饰之用的砖雕、木雕、石雕，刀刻间记录着独属徽州的文化体系：自然山水、徽剧、盆景、剪纸、新安画派；也因徽商孤掷千金的豪迈大气，为后世留下了悠远绵长的世间绝唱。

黟县卢村的志诚堂、西递村的西园、呈坎村的宝纶阁、徽州区蜀源村的思恕堂等，只要是名噪一时的大商大官之乡，便是如今令众人惊叹的徽州古建筑群集聚之地。建筑的灵魂在于深处其中的传奇故事，而故事的扉页便是呈现于世人面前的精美三雕——雕刻之精美程度足以说明主人坐拥财富的多寡，这个风向标也带动了一门流传百年的手艺，走向世界，回归村落。

徽州三雕源于宋代，在徽商发达的明清时期达到顶峰，也在此时，造就了代代专攻装饰雕刻的三雕工匠。历史上，徽州三雕匠人不计其数，歙县的李祥顺在深渡镇下铺姚氏祠堂、大茂村朱氏祠堂内留下自己毕生的木雕作品。2006年徽州三雕入选为第一批国家级非物质文化遗产代表性项目，一项古老的技艺从远古走来，自此昭示天下。

徽州区灵山村传统建筑

如今,三雕技艺以不同的方式传承、创新着,一者是为了以古人之心,模仿古人的雕刻体系和文化认知,修缮传统村落中曾辉煌一时的精美建筑、祠堂等,以三雕技艺切磋成就古今匠人对话的勇气;二者是为了传承文化,遵循世代"以技艺傍身"的传统,根据时代审美需要,创新先祖技法,让工匠精神与艺术之美相融合、传播。歙县传统村落璜田村、洪琴村、义成村等地仍活态延续着徽州三雕技艺。

歙县杞梓里镇的方乐成是"方氏砖雕"的创始人,从18岁跟着歙县坡山村的师傅学习砖雕以来,便一直精耕于徽州砖雕技艺。他走遍安徽徽州的传统村落,通过细致观察明清古建筑上精美的砖雕,细细感受、体会古人对雕刻内容、典故传说的表达方式及雕刻工艺的历代流变。

20世纪90年代，徽州古典园林建设有限公司以古建专家程极悦为主，在市内各村落广招传统三雕工匠，通过层层选拔，方乐成成为其中的一员。当时公司古建队大都是年过古稀的传统三雕匠人，他们一起奔赴徽州传统村落中，钻研明清古法三雕技法、修旧如旧，在呈坎村修缮过罗氏祠堂外八字墙上的石雕元宝及呈坎宝纶阁，在歙县北岸镇北岸村修缮过吴氏祠堂，在潜口镇修缮了古民居建筑群。他们辗转黟县西递、宏村，歙县许村，根据残留的部分石雕，雕刻出了整个石雕故事的全貌。

现在，方乐成开设了自己的石雕作坊，雕刻工匠遍布50后到00后六个年龄段，几年来培养出了30多个徒弟。为了学习古法雕刻的精髓，从中汲取不断创新的动力，他还经常带着徒弟去村落中细细研磨古建筑门楼、窗檐上的雕花。

除了师徒传授，徽州地区还将三雕作为一门手艺列入了职业学校的专业中。在休宁县的徽匠学校，一批批少年把青春交给了一门古老而传统的手艺；歙县北岸镇行知学校的非遗专业中，近50个学生选择了三雕艺术专业。

行知学校的木雕老师吴侠芳专研徽州木雕近三十年，曾在黟县宏村、西递参与修缮过古建筑上的木雕。如今，被行知学校聘请为木雕老师的他，把工作室开进了学校，也收了一些喜爱木雕的徒弟。

"一切历史都是当代史"，在某种意义上，这句话的前提是传承，唯有传承能让历史的精髓得到永续。对于徽州的传统村落而言，唯有代代工匠对三雕工艺精益求精的传承，才会让绝美的古建筑重现人间，也让现代徽派建筑延续着古人对建筑装饰始终不渝的追求和探索。

▎徽州区灵山村明代翰苑坊上镌刻着精致的石雕

休宁的徽匠学校自20世纪建立以来,培养着一批批木匠手艺人。学校从高一到高三,共计100个学生。文化课是必修课,而木匠工艺则是他们的专业课。半个月精雕一把椅子,让本该躁动的少年,因一门传统的工艺变得稳重

景

方寸之间，四时之景

浓缩黄山奇松胜景，见证历史风云时节

在卖花渔村，山上山下、房前屋后均是精心栽培的各式盆景，这是祖先留下的文化传统，也是族人的生存哲学

▎夹于山峦之间的卖花渔村形如巨鱼

奇松、怪石、云海堪称黄山三奇，众人为之而来，临云海之中，处怪石之巅，倚奇松之躯，享自然的魅力与风姿。古人钦羡大好河山，故而用假山、流水装点庭院；为将自然之景"据为己有"，便创造了一切的微缩景观。威武凌云的黄山迎客松让世人留恋，而在古徽州地区久负盛名的徽派盆景，则是将黄山奇松揽入方寸之地，成为人们亲近自然的窗口。

黟山多老松，怪状不一格；阅世几沧桑，空山谁考核？
撑干必背厓，穿跟长在石；欲直枝却横，将伸肘故屈。
　　　　　　　　——清代万斯备《黄山怪松歌》

全国盆景看徽派，徽派盆景在洪川。洪川即为洪岭村，如今名曰"卖花渔村"，被称为"中国梅花之乡"。地处古徽州一府六县之歙县东南地、新安江南岸沟谷腹地的卖花渔村，夹在高山层峦之中，站在山顶俯瞰，整个村落犹如一条游走的鱼儿，山峦葱绿茂盛，山间雾霭流岚，伴着雨中的云海，飘着丝丝炊烟，粉墙黛瓦装点了世界，或许这才是世人梦寐的桃花源。

▎休宁县传统村落——木梨硔村

在徽州地区，羊肠九曲的盘山路上，拨开云雾而看到的村落，与生俱来都有一种独特的魅力：歙县的坡山村，可以让人沁入云海，有一种天地之上的壮阔感；歙县的阳产村，有别于徽派建筑的夯土楼，错落有致，好似画中之景；休宁的木梨硔村，如天上之国，腾云驾雾间，伴日出日落独享避世乐趣；卖花渔村则处深山低谷，在云雾雨雾滋养下孕育了一个"花花世界"。

歙县阳产村地处避世的大山中,因优美的生态环境及保存完好的夯土楼群而引来了摄影爱好者及众多游客。如今,村落依靠民宿及农家乐取得了村落产业的发展。

歙县山顶村落——阳产村,它由不同于徽派建筑风格的全夯土建筑构成

卖花渔村，如同它浪漫的名字，孕育着世代盆景艺术大师。始于南宋、兴于明清的徽派盆景源于卖花渔村，世人称"无声的诗，立体的画"。走进村落，仿佛进入了袖珍山林，沿路家家户户的院子里都摆放着各色盆景，可静静地品赏，亲近大自然的灵魂。粉色的杜鹃花、红色的腊梅花、绿色的罗汉松、梅桩、榔榆、赤楠、紫薇、翠柏、桂花、茶花等，五彩缤纷的四时之景，在卖花渔村都浓缩成了一株株盆景。

经过几十年的培育，在盆景师傅的精心设计下，它们根脉蜿蜒如蛇形，或苍劲古朴，或活泼动人，成就了徽派盆景，更享有艺术盛名。卖花渔村盘旋而向上、直冲云霄的游龙梅代表了中国徽派盆景的精髓。

卖花渔村从唐代洪氏先祖迁居于此，便开始逐渐形成村落。逝川溪水蜿蜒过村，阳春时节，朵朵花瓣随潺潺溪水汇入新安江，颇有"当年走马锦城西，曾为梅花醉似泥。二十里中香不断，青羊宫至浣花溪"的绝美意境。

卖花渔村洪氏祠堂

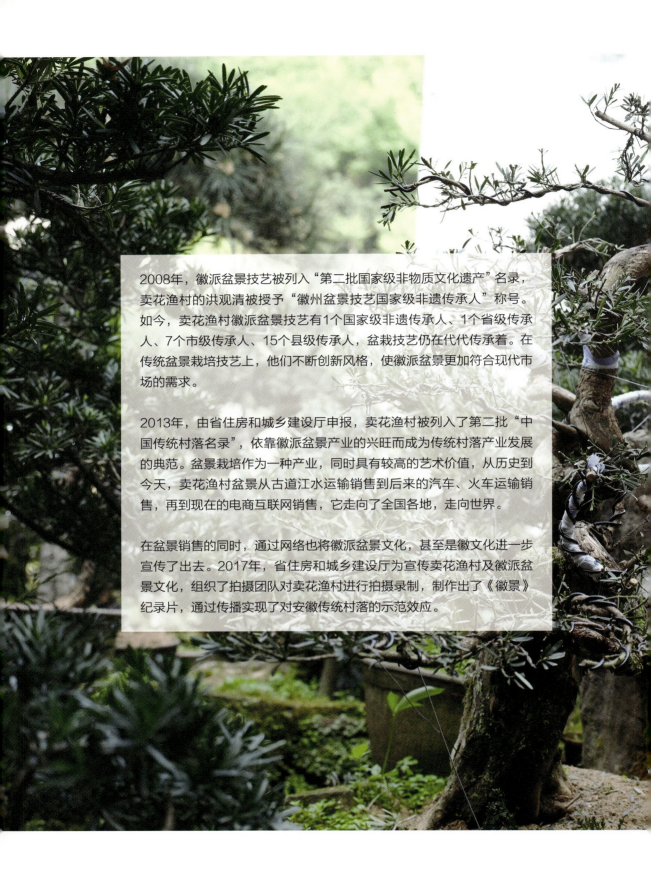

2008年，徽派盆景技艺被列入"第二批国家级非物质文化遗产"名录，卖花渔村的洪观清被授予"徽州盆景技艺国家级非遗传承人"称号。如今，卖花渔村徽派盆景技艺有1个国家级非遗传承人、1个省级传承人、7个市级传承人、15个县级传承人，盆栽技艺仍在代代传承着。在传统盆景栽培技艺上，他们不断创新风格，使徽派盆景更加符合现代市场的需求。

2013年，由省住房和城乡建设厅申报，卖花渔村被列入了第二批"中国传统村落名录"，依靠徽派盆景产业的兴旺而成为传统村落产业发展的典范。盆景栽培作为一种产业，同时具有较高的艺术价值，从历史到今天，卖花渔村盆景从古道江水运输销售到后来的汽车、火车运输销售，再到现在的电商互联网销售，它走向了全国各地，走向世界。

在盆景销售的同时，通过网络也将徽派盆景文化，甚至是徽文化进一步宣传了出去。2017年，省住房和城乡建设厅为宣传卖花渔村及徽派盆景文化，组织了拍摄团队对卖花渔村进行拍摄录制，制作出了《徽景》纪录片，通过传播实现了对安徽传统村落的示范效应。

卖花渔村的盆栽技艺传承人

如今，卖花渔村着力打造"中国盆景电商第一村"，通过建立卖花渔村盆景专业合作社、定期组织参加全国大型盆景展、策划开展卖花渔村每年一届的"梅花节"等，让"互联网+产业+文化"成为村落的主旋律，通过标识、视觉等一体化，将村落作为一个品牌打包推向世界。

| 卖花渔村村口的标识，是村落整体传播的标识。鱼儿左边的蜿蜒形状代表徽派盆景的主要品种——游龙梅

正月里,漫山遍野的梅花吸引了江、浙、沪的诸多摄影爱好者,村落农家乐比比皆是;产业网络化进一步发展,村民收入不断提高,在外的年轻人回来实现了互联网创业;通过参展交流,卖花渔盆景走出了村落,实现了技艺风格的不断提升,吸引了更多的外来客户入村,产业蒸蒸日上,也带动了附近传统村落歙县汪村盆景产业的发展。

待到蜡梅花开时,与君同赏卖花渔。去到卖花渔村,方见传统与现代的融合,那是对传统的敬畏,更是对创新的探寻。

罗 东西南北，从田间到海上

一种于方寸间，穷尽自然奥秘的神器

1915年，万安罗经在巴拿马万国博览会上获得金奖

形如棋盘状的安徽绩溪县石家村

"双山直把支辰判，一针可将地舆勘。"指南针作为中国四大发明之一，凝结了历朝历代人们对大自然的敬畏之心，指示东南西北，辨世间真相；从堪舆到航海，一针行天下。将磁针置于刻满天干地支、易学命理的圆木凹处，便成就了古代堪舆大师手中的标配——"风水罗盘"。罗盘是广泛运用于天文、地理、军事、航海、占卜，以及居室、墓葬选址的重要仪器，是指南针的延续和发展。

少则上百字，多则上千字，从选料到磨光、从画格到书写，从桐油打磨到磁针安装，一面罗盘，6道工序，历时3个月方能造就承载着古代天文地理、环境建筑、易学以及哲学等文化信息的风水罗盘。方寸之地，便穷尽了自然的秘密。

为谋求大吉大利的风水宝地，寻求"天人合一""道法自然"的生存哲学，古徽州地区从唐宋时期便形成了风水学的"形法派"和"理气派"。在传统村落选址上，先祖讲究"背山、环水、面屏"的山水格局理念，同时在祠堂建设、民居建筑堪舆以及建筑艺术风格上对风水学有着极大的依赖性，这不仅受祖籍为休宁歙县篁墩村的理学家朱熹的影响，更表达了先祖对徽州村落所处山水环境的敬畏以及对最佳人居环境的追求。

清代赵吉士在《寄园寄所寄》中曾说，"风水之学，徽人尤重之"。明清全国的24名堪舆名流，徽州人占10名之多。而存于徽州的传统村落山水环绕、水口古树、建筑朝向、仿生格局等无不留存着风水规划过的痕迹，如俯瞰似船形的龙川村、阴阳八卦的呈坎村、整村面北形如棋盘的石家村等。

屯溪老街上的吴鲁衡体验店

徽州传统村落从无到有，极为讲究，玄妙之处，莫过于小小罗盘上的风水密码。堪舆大师根据天干地支、阴阳周易、主人生辰八字等，最终测算出屋宅与房门的朝向。如今存世的手工生产传统木制罗盘的地方在安徽休宁县传统村落——万安古镇，自1723年吴国柱在万安老街上开始创立"吴鲁衡罗经老店"开始，波折一路，至今已传承了八世300多年。2006年，休宁万安罗盘制作技艺被认定为"第一批国家级非物质文化遗产代表性项目"。

曾经，吴鲁衡分店覆盖全国，远及港澳地区，随着古丝路而走向世界。除了堪舆之用，罗盘还为江海船只导航，在徽州境内以新安江为起点，载着一代代徽商远赴他乡。如今，以万安罗盘老店为主，芜湖、屯溪老街均有分店，这里被设为安徽省非物质文化遗产传习基地以及学生研学基地，通过新时代的全球化浪潮，把中国传统木制罗盘以及存于徽州传统村落中的文化理念传播到了日本、韩国、新加坡、东南亚各国以及全世界，成为世界认识徽州乃至中国文化的起点。

附录 中国传统村落数字博物馆（徽州馆）

黄山市祁门县历口镇历溪村
村域面积：13.1平方公里
村落形成年代：元代以前
地理信息：117°30'E
　　　　　29°58'48"N
牯牛降山下，奇峰竞秀，风光旖旎，这里是传承千年的历史文化古村，也是"戏祖"目连戏的发源地

黄山市黟县宏村镇宏村
村域面积：2.89平方公里
村落形成年代：元代以前
地理信息：117°59'24"E
　　　　　30°N
依雷岗山，傍浥溪河，群峰叠嶂，郁草茂林，被誉为"中国画里的乡村"

黄山市徽州区呈坎镇呈坎村
村域面积：12.28平方公里
村落形成年代：元代以前
地理信息：118°17'24"E
　　　　　29°55'12"N
二圳五街九十九巷，英才辈出之地，朱熹赞其"呈坎双贤里，江南第一村"

黄山市黟县西递镇西递村
村域面积：10.7平方公里
村落形成年代：元代以前
地理信息：117°59'24"E
　　　　　29°54'N
富丽的宅院、精巧的花园、宏伟的牌坊，实为"桃花源里人家"

黄山市休宁县万安镇万安老街
村域面积：0.17平方公里
村落形成年代：元代以前
地理信息：118°12'36E
　　　　　29°47'24N
水带绕城，上接县城下通杭州，明清往来贸易的枢纽之地，交通要道水运码头，被誉为古徽州的"清明上河图"

宣城市绩溪县家朋乡尚村
村域面积：15.7平方公里
村落形成年代：元代以前
地理信息：118°48'E
　　　　　30°12'36"N
尚善古村，田园风光；十姓九祠，工匠之乡；女眷始登家族榜，"积谷会"传妙义章

宣城市绩溪县瀛洲镇龙川村
村域面积：21.5平方公里
村落形成年代：明代
地理信息：118°40'12"E
　　　　　30°4'12"N
村形如船，山水秀美，龙峰山和凤凰山双峰耸峙，水街古桥风光旖旎，这里是胡氏大族的聚集地，也是名人辈出的"进士村"

黄山市歙县霞坑镇石潭村
村域面积：0.2平方公里
村落形成年代：元代以前
地理信息：118°40'12"E
　　　　　29°56'24"N
形如燕窝，聚福纳才。三潭峭石林立，油菜花漫山，这里遗存古风，也造就了胜地

黄山市徽州区潜口镇唐模村
村域面积：4平方公里
村落形成年代：元代以前
地理信息：118°20'24"E
　　　　　29°52'12"N
唐朝模范今流传，十八名家古迹全。这里有千年银杏树和十桥九貌的奇观，被誉为"中国水口园林第一村"

黄山市歙县北岸镇瞻淇村
村域面积：8.5平方公里
村落形成年代：明代以前
地理信息：118°31'12"E
　　　　　29°52'48"N
源于《诗经》"瞻彼淇奥，绿竹猗猗。"有非遗民俗舞鱼灯，也有琅琅书声老虎巷

黄山市歙县徽城镇渔梁村
村域面积：16.7平方公里
村落形成年代：元代以前
地理信息：118°27'E
　　　　　29°51'36"N
形如鲤鱼，主街为"脊"，巷弄为"鳍"。筑石修坝，媲美都江堰。老街店铺林立，见证曾经的繁荣与辉煌

后记

受安徽省住房和城乡建设厅委托，中国城市规划设计研究院基于多年来对安徽传统村落保护和利用领域的研究积累，结合触媒时代的数字化采集创新型技术，共同发现和挖掘安徽传统村落的"美"，提炼和升华安徽优秀传统村落的文化价值和精神内涵，也呈现了城乡建设部门落实"乡村振兴"战略过程的引领力量。本书来自于中国城市规划设计研究院近年来承担的重要课题成果之一，以独特的美学及文化视角，探究并解读了徽州传统村落的价值和活化模式。

在课题调研过程中，我们得到了安徽省住房和城乡建设厅宋直刚厅长的专业指导，同时省厅村镇处一直给予指导和协助，也得到了黄山市住房和城乡建设局、潜山市住房和城乡建设局、歙县住房和城乡建设局、祁门县住房和城乡建设局、休宁县住房和城乡建设局、绩溪县住房和城乡建设局、黟县住房和城乡建设局、徽州区住房和城乡建设局等部门的无私付出和真诚帮助，在此深表感谢。

课题研究不断得到中国城市规划设计研究院王凯院长、住房和城乡建设部总经济师杨保军博士的关心和指导，中国城市规划设计研究院原副总规划师赵中枢博士对本课题提出了富有启发性的指导意见。

近年来，中国城市规划设计研究院学术信息中心在传统村落文化遗产数字化方面开展了广泛而深入的实践，传统村落数字博物馆团队研发了系列平台系统，尝试将传统村落全要素大数据的采集、挖掘、分析、呈现于一体进行研究。感谢数博团队的大力协助。

此外，还要感谢沈阳建筑大学周静海教授、安徽省考古学会会长李虹研究员、中国建筑设计研究院李志新建筑师，以及北京交通大学佘高红、王鑫、魏昀赟、潘曦等多位教授对此研究提出的宝贵意见。

在深入村落开展调研工作中，我们也得到了地方相关专家、各地村委及村民的帮助，在此感谢绩溪县委党校常务副校长邵期静、歙县石潭村的吴善余老先生、徽州区呈坎村的罗会定老先生，为课题组详细介绍了村落的历史情况；感谢画家连达先生，摄影师陈伟红先生、章恒全先生、胡熙彬先生、秦祖泉先生、李全伟先生；感谢潜山市万涧村回味乡愁农民专业合作社和中规院驻村规划团队，感谢随行传统村落工作营导师和全体营员，为课题组提供了无私的协助。

本研究报告在编辑出版过程中，也得到了中国建筑工业出版社刘静女士的大力支持，在此一并表示感谢。

最后感谢课题组和数博团队的所有成员，尤其是课题骨干丁鑫规划师开展了大量的文献研究、数据整理及实地走访等工作。这一工作对课题组来说不仅是一个学习的过程，也是一个用情感接近传统村落的过程。